Hunde-Erziehung

sanft & erfolgreich

> Autorin: Katharina Schlegl-Kofler | Fotos: Christine Steimer

W0174885

Inhalt

Kennenlern-Programm

Grunderziehungs-Programm

Kennenlern-Programm

Der Hund als Hausgenosse

Der Hund ist heute zweifellos eines der beliebtesten Heimtiere. Er passt sich nahezu jedem Lebensumfeld des Menschen an und kann eine enge Bindung zum Menschen eingehen – was einzigartig unter den Heimtieren ist.

Diente er dem Menschen früher fast ausschließlich als nützlicher Helfer beim Jagen, Hüten und Bewachen, ist der Vierbeiner heute in erster Linie Hausgenosse und Freizeitgefährte. Häufig muss er aber auch als Partner- und Kindersatz, Statussymbol und Kuscheltier herhalten. Oft wird er vermenschlicht, verhätschelt und unterfordert, art- und rassespezifische Bedürfnisse kommen zu kurz. Probleme sind dann häufig vorprogrammiert.

In unserer zivilisierten Gesellschaft leben Hund und Mensch auf engem Raum, der Hund muss mit vielerlei Situationen und Umgebungen zurechtkommen. Damit er Menschen gegenüber sicher ist und gehorcht und auf Umweltreize zuverlässig reagiert, ist es ganz besonders wichtig, dass Erbanlagen, Sozialisierung und eine artgerechte Erziehung Hand in Hand gehen.

Dieses Buch möchte Sie auf diesem Weg begleiten, damit das tägliche Zusammenleben sowohl Ihnen als auch Ihrem Vierbeiner viel Freude und möglichst wenig Unannehmlichkeiten bereitet.

Hund und Wolf

Dass der Hund vom Wolf abstammt, weiß mittlerweile jeder. Doch welche Rolle das im Zusammenleben mit dem Hund spielt, ist vielen Menschen nicht bewusst. Werfen wir für ein besseres Verständnis des Hundes einen kurzen Blick auf den Wolf. Trotz der Domestikation lässt sich vieles aus dem Leben der Wölfe auf die Beziehung zwischen Mensch und Hund

> *Harmonie im Mensch-Hund-Team – Voraussetzung dafür ist der Mensch als der übergeordnete Partner.*

übertragen. Denn das Erbe von Stammvater Wolf bestimmt weite Bereiche des Hundeverhaltens.

Rudeltier: Wie der Wolf ist auch der Hund auf ein Leben in einem sozialen Verband – einem Rudel – ausgerichtet. Ein Wolfsrudel ist jedoch nicht etwa ein wilder Haufen. Ganz im Gegenteil: Dort herrschen eine Hierarchie und feste Regeln für das Zusammenleben.

Rudelführer: Angeführt wird das Rudel von einem souveränen Alphawolf, der durch seine Erfahrungen ein wichtiger Garant für das Überleben des Rudels ist. Er genießt bei allen Rudelmitgliedern Ansehen und Respekt.

»Rudel Mensch«

Der Hund lebt in der Regel mit einem oder mehreren Menschen zusammen. Er sieht im Menschen einen echten Sozialpartner, eine Art Hund im weitesten Sinn. Seine Familie oder sein Mensch ist sein »Rudel«. Alles, was hier vor sich geht sowie alle Verhaltensweisen der Menschen ihm gegenüber, registriert der Vierbeiner ziemlich genau. Auf Hundeart zieht er daraus seine Schlüsse

und reagiert entsprechend. Wie dem Wolf sagt auch dem Hund sein Instinkt, dass sein Rudel nur mit einem fähigen Rudelführer überleben kann. Und diesen Posten sollte ausschließlich der Hundehalter bekleiden. Denn ein artgerechter Umgang mit klarer Rangordnung ist eine der

wichtigsten Voraussetzungen für ein problemloses und harmonisches Miteinander von Mensch und Hund. Wie Sie es zum überzeugenden »Rudelführer« bringen, erfahren Sie ab Seite 16.

Sind Sie ein Hundemensch?

	Ja	Nein
1. Suchen Sie in erster Linie ein Tier zum Schmusen und Streicheln?	☐	☐
2. Sind Sie beharrlich, geduldig, konsequent und durchsetzungsfähig?	☐	☐
3. Können Sie mit Hundehaaren im Essen und auf der Kleidung leben?	☐	☐
4. Ist in Ihrer Familie stets jemand mindestens einen halben Tag lang zu Hause? Oder dürfen Sie Ihren Hund mit ins Büro nehmen?	☐	☐
5. Wollen Sie den größten Teil Ihrer Freizeit auf Ihren Hund abstimmen?	☐	☐
6. Sind Sie gern bei jedem Wetter im Freien unterwegs?	☐	☐
7. Haben Sie Freude daran, sich gezielt und regelmäßig mit einem Tier zu beschäftigen?	☐	☐
8. Sind Sie, wenn nötig, in der Lage, herzerweichenden Hundeblicken zu widerstehen und sachlich zu denken und zu handeln?	☐	☐

Haben Sie die Frage 1 mit Nein und die Fragen 2 bis 8 mit Ja beantwortet, sind Sie ein Hundemensch, wie ihn sich Vierbeiner wünschen. Leben mehrere Personen im Haushalt, könnte es auch mit Nein bei Frage 5 und 6 klappen. Bei einem Ja bei Frage 1 und Nein bei den Fragen 2 bis 8 sollten Sie sich lieber für ein anderes Heimtier entscheiden, ein Hund passt jedenfalls nicht zu Ihnen.

Rasse und Herkunft sind wichtig

Für ein harmonisches Zusammenleben mit dem Vierbeiner sind neben der Erziehung rassespezifische Eigenschaften sowie eine optimale Aufzucht in den ersten Lebenswochen von entscheidender Bedeutung. Wer jedoch glaubt, jeder Hund lasse sich mit viel Liebe und Zuwendung zu einem rundum

> *Der selbstbewusste Jack Russell wurde für die Fuchsjagd gezüchtet.*

freundlichen, problemlosen Hund machen, der irrt.

Rassespezifische Eigenschaften

Fast jede der etwa 350 Hunderassen, die es heute gibt, wurde ursprünglich für ganz bestimmte Aufgaben gezüchtet. Die dafür notwendigen Eigenschaften verankerte man durch systematische Zucht meist über viele Jahrzehnte in ihrem Erbgut. Heute werden nur mehr wenige Rassen für ihren ursprünglichen Verwendungszweck gezüchtet, doch auch die anderen Rassen haben ihre spezifischen Eigenschaften nicht verloren. Bei der Auswahl einer passenden Rasse sollten Sie deshalb unbedingt darauf achten, dass die rassespezifischen Eigenschaften des Hundes zu Ihrem Lebensumfeld passen. Danach sollten Sie Ihren zukünftigen Vierbeiner in allererster Linie auswählen. Denn Veranlagungen lassen sich nicht einfach aberziehen. Weder durch Sozialisierung noch mit Gehorsamstraining.

Werden passionierte Jagdgebrauchshunde oder Schlittenhunde nur als reine Familienhunde gehalten oder werden Hirtenhunde oder Wach- und Schutzhunde in einem falschen Umfeld gehalten, können früher oder später meist ernsthafte Probleme im Zusammenleben entstehen. Kritisch sollten Sie auch reinen Schönheitszuchten und so genannten Moderassen gegenüberstehen. Denn bei einer Zucht, die zu einseitig auf Optik oder Quantität Wert legt statt auf Qualität, leiden häufig Wesen und Gesundheit der Hunde.

Eine gute Kinderstube

Die große Bedeutung, die die ersten Wochen im Leben eines Hundes für seine weitere Entwicklung haben, hat sich leider bei weitem noch nicht überall herumgesprochen. Deshalb an dieser Stelle einige Informationen, die Sie beim Welpenkauf, auch wenn es ein Mischling ist, unbedingt beherzigen sollten. Daran erkennen Sie einen guten Züchter:

Hunderassen mit besonderen Ansprüchen an die Haltung

Rasse (Beispiele)	Verwendungszweck	Besondere Eigenschaften
Border Collie Australian Shepherd	Hütehunde	Starker Hüteinstinkt, braucht unbedingt Hüte- oder andere gezielte Aufgaben (z. B. Agility)
Kleiner Münsterländer Weimaraner	Vorstehhunde	Passionierte Jagdgebrauchshunde mit Raubzeug- und auch Mannschärfe (Weimaraner), gehören nur in Jägerhände.
Maremmano Kaukasischer Owtscharka Slovensky Cuvac	Hirtenhunde, die in abgelegenen Gegenden Hirten und deren Hab und Gut bewachen.	Sehr eigenständig; Fremden gegenüber misstrauisch bis unberechenbar, sehr wachsam und verteidigungsbereit.
Siberian Husky Alaskan Malamute Alaskan Husky	Schlittenhunde, die Lasten rasch und weit transportieren können.	Ausgeprägte Rennleidenschaft und Jagdinstinkt. Nur für sportliche Halter, die mit ihnen Rad fahren, joggen, Wagen- und Schlittenrennen fahren.
Dobermann	Wach- und Schutzhund	Ein-Mann-Hund mit ausgeprägtem Wach- und Schutzinstinkt, sehr lebhaft, braucht konsequente Ausbildung.
Briard	Schäferhund	Sehr temperamentvoll, eigensinnig, viel Schutzinstinkt, erfordert bei der Erziehung viel Willenskraft und Konsequenz.
Jack Russell Terrier	Hund für die Baujagd auf Fuchs und Dachs	Sehr quirlig und selbstbewusst. Erfordert große Ausdauer und Durchsetzungsvermögen in der Erziehung.
Rottweiler	Gebrauchshund für Hundesport und Polizei	Kraftvoll, nervenfest, mit Kampftrieb, Wach- und Schutzinstinkt, erfordert konsequente Erziehung und Führung.

➤ Ein guter Züchter weiß über seine Rasse genau Bescheid und berät seine Welpenkäufer ehrlich, objektiv und kompetent.

> *Jagdhunderassen wie der Deutsch Kurzhaar wollen gefordert werden.*

➤ Er klärt Sie über rassenspezifische Besonderheiten seiner Hunde auf und sieht seine Hunde nicht durch eine »rosarote Brille«.

➤ Er achtet auch darauf, dass Welpe und Käufer zueinander passen.

➤ Ein guter Züchter hat nur wenige und rundum gesunde, wesenstypische Hunde, die mit in der Familie leben, also nicht im Zwinger.

➤ Die Welpen zeigen keinerlei Angst oder Scheu.
Durch einen Abenteuerspielplatz, erste Ausflüge, reichliche und positive Erfahrungen mit verschiedenen Menschen (auch mit Kindern!) und unterschiedliche Umweltreize usw. werden die Welpen bereits beim Züchter optimal auf ihr Leben vorbereitet. Mit der Auswahl der richtigen Rasse und dem Kauf bei einem guten Züchter haben Sie den Grundstein auf dem Weg zu einer guten Mensch-Hund-Beziehung gelegt.

Woher kommt der Welpe?
Leider wachsen nicht alle Welpen ideal auf. Viele verbringen ihre ersten Wochen irgendwo im Hinterhof oder Stall. Machen sie dort mit

Menschen wenig oder gar schlechte Erfahrungen und lernen sie nichts von ihrer Umwelt kennen, ist das für einen späteren Familienhund, der einmal seine Menschen überallhin begleiten soll, ein denkbar schlechter Start. Oft zeigt ein solcher Hund Menschen sowie den verschiedensten Umweltsituationen und -geräuschen gegenüber unsicheres oder ängstliches Verhalten. Die weitere Sozialisierung eines solchen Welpen ist relativ aufwändig und dennoch nicht immer von Erfolg gekrönt.

Der Hund aus zweiter Hand
Wer sich einen Vierbeiner aus dem Tierheim oder direkt von seinem Vorbesitzer holt, sollte so viel wie nur möglich

TIPP

Ein Gefährte für ältere Menschen
➤ Im Alter kann ein Hund für Abwechslung sorgen.
➤ Sind Sie körperlich fit und hatten auch früher schon Hunde? Dann kommen Sie eventuell mit einem temperamentvollen Welpen einer Arbeitsrasse zurecht, denn diese Hunde müssen ausgelastet werden.
➤ Sind Sie nicht mehr so beweglich, ist eine ruhigere Rasse, die nicht zu groß und kräftig wird, ideal für Sie.
➤ Auch ein älterer Hund mit intaktem Vorleben kann Sie erfreuen. Zugleich wäre ihm damit geholfen.

> *Welpen orientieren sich anfangs stark an der Mutter. Deshalb ist das Wesen der Hündin entscheidend für ihre Entwicklung.*

von seinem bisherigen Leben in Erfahrung bringen. Hunde mit vielen Defiziten in der Entwicklung, die schlechte Erfahrungen gemacht haben oder aus einem völlig anderen Umfeld kommen, zeigen oft Verhaltensauffälligkeiten, die sich häufig nicht mehr oder nur wenig beeinflussen lassen. In diesem Fall sind ein spezieller Umgang mit dem Hund und großer Sachverstand notwendig. Ist die Vorgeschichte bekannt und das Leben des Tieres bisher gut verlaufen, spricht allerdings nichts gegen einen Hund aus zweiter Hand.

Mein Rat: Informieren Sie sich vor dem Kauf gut, damit Sie herausfinden, ob der Vierbeiner, für den Sie sich interessieren, auch wirklich zu Ihnen und Ihrer Lebensweise passt. Denn muss das Tier letztlich wieder ins Tierheim zurückgebracht werden, tut man ihm keinen Gefallen. Besonders für Familien mit jüngeren Kindern sowie für »Neulinge« in der Hundehaltung ist ein sorgfältig ausgewählter Welpe aus guter Zucht, der bereits beim Züchter an Kinder gewöhnt wurde, in der Regel besser geeignet als ein Tierheim-Hund.

CHECKLISTE

Rassen für verschiedene Ansprüche

✔ **Für kleine Wohnungen:** Kleinpudel, Sheltie, Cavalier King Charles Spaniel, Havaneser, Westie

✔ **Für dicht besiedelte Gebiete:** Golden Retriever, Labrador Retriever, Dalmatiner, Pudel, britische Hütehunde

✔ **Für Outdoor-Aktivitäten (Joggen, Wandern etc.):** Schlittenhunde, Dalmatiner, Setter, Collie, Airedale Terrier, Bobtail

✔ **Mit geringerem Bewegungsanspruch:** Leonberger, Berner Sennenhund, Dackel, Mops

Die Entwicklung im ersten Jahr

Bis der Hund erwachsen ist, muss er viel lernen. Um möglichst viele Informationen aufzunehmen, durchläuft sein Gehirn einige zeitlich begrenzte Entwicklungsphasen, in denen der Hund prägungsähnlich lernt. Positive wie negative Erfahrungen werden nahezu unauslöschlich gespeichert. Doch auch fehlende Erfahrungen hinterlassen ihre Spuren.

> Neugierig erkundet der Welpe seine Umwelt.

Die ersten 20 Tage

Durch die Fürsorge der Hündin entwickelt sich das so wichtige Urvertrauen. Ein vitaler Welpe findet nach der Geburt von allein das Gesäuge seiner Mutter und die Wärme seiner Wurfgeschwister. Diese ersten Erfahrungen lehren ihn, aus eigener Anstrengung zum Erfolg zu kommen.

Die Sozialisierung

Zirka 3. bis 8. Woche: Wenn in der dritten Woche seine Sinne zunehmend ihre Arbeit aufnehmen, lernt der kleine Hund Mutter und Geschwister richtig kennen. So prägt sich ihm ein, was ein Artgenosse ist. In seiner Hundefamilie lernt er schon, was man darf und was nicht und wie er sich mit seinesgleichen verständigt. Es ist ganz wichtig, dass ein Welpe bereits in der Zeit beim Züchter viel Kontakt mit verschiedenen Menschen hat, die dann ganz selbstverständlich zu seinem Leben gehören. Der Bewegungsradius der Hundekinder nimmt ständig zu. Sie werden neugieriger und wollen immer mehr über ihre Umgebung wissen. Erste Erkundungsausflüge, reichlich Spielmöglichkeiten sowie die Gewöhnung an Alltagsgeräusche sollten deshalb schon beim Züchter auf dem Programm stehen.

8. bis 16. Woche: Mit Übernahme des Welpen ab etwa acht Wochen geht diese Verantwortung auf Sie über. Neben seinen Erbanlagen wird der Verlauf der nächsten beiden Monate entscheidend dazu beitragen, ob Ihr Kleiner einmal ein Hund wird, der Menschen und Alltagssituationen vertrauensvoll, stress- und angstfrei begegnet. Für einen »durchschnittlichen Familienhund«, der seine Menschen weitgehend überallhin begleitet, gibt es deshalb viel zu erleben:

➤ Gewöhnung an verschiedenste Treppenarten und Bodenbeschaffenheiten, z. B. glatte Holz- und Steinböden, Gitterroste usw.

➤ Fahren in Aufzügen oder öffentlichen Verkehrsmitteln, Spaziergänge in der Stadt.

➤ Besuch im Café oder Restaurant, nicht unbedingt zu einem Fünf-Gänge-Menü, aber z. B. zum Pizzaessen.

➤ Besuch bei Oma oder Bekannten.

➤ Begleitung Ihres Kindes in den Kindergarten.

➤ Kennenlernen von Briefträger und Getränkefahrer, um späteren Problemen vorzubeugen.

Je nach Ihren Lebensumständen lässt sich diese Liste beliebig verlängern.

Eine vertrauensvolle Bindung fördern Sie durch ausgiebiges Spielen, gemeinsame Erkundungsspaziergänge im Grünen und reichlich Körperkontakt durch Streicheln, Bürsten oder Kontaktliegen. Durch Setzen von Grenzen und Tabus lernt der kleine Hund, sich in sein Rudel einzugliedern. Erste Gehorsamsübungen in kleinen Einheiten mit positiver Motivation stehen in der Sozialisierungsphase ebenfalls auf dem Programm (→ Seite 33).

Auch der Kontakt zu anderen Hunden darf nicht fehlen. Denn im Umgang mit seinesgleichen gibt es in dieser Zeit viel zu lernen. Dazu besuchen Sie am besten gute Welpenspielgruppen (→ Seite 32).

> *Vorbild Mutter: So lassen sich Welpen an ihre Umwelt gewöhnen.*

Ab der 16. Woche

Je nach Persönlichkeit zeigen manche Hunde jetzt bisweilen ein etwas flegelhaftes Benehmen. Übungen, die sie schon konnten, und Regeln, die sie bereits akzeptierten, werden plötzlich nicht mehr so ernst genommen. Bleiben Sie Ihrem Halbstarken gegenüber weiterhin konsequent und beständig. Dann wird er Sie schließlich bereitwillig als »Rudelführer« akzeptieren. Im zweiten Lebenshalbjahr werden Hündinnen erstmals läufig, und auch Rüden werden nun geschlechtsreif.

CHECKLISTE

Welcher Welpe passt zu Ihnen?

Der frechere Welpe wird auch später selbstbewusster sein:
✔ Er beißt gleich in die Hand.
✔ Er springt an Ihnen hoch.
✔ Er ist im Wurf immer vorn dran.

Der unterwürfigere Welpe lässt sich leichter lenken:
✔ Er leckt die Hand ab.
✔ Er ist insgesamt sanfter, sucht jedoch Kontakt.

Der Schüchterne wird später eher ängstlich sein:
✔ Er meidet Kontakt.
✔ Er flüchtet vor Menschen.
✔ Er ist bei Berührungen meist angespannt.

Fragen rund ums Kennenlernen

? Wann sollte ich meinen Hund kastrieren lassen?

Haben Sie einen Rüden, dann rate ich Ihnen zur Kastration, wenn er hormonbedingte Aggressionen gegen Geschlechtsgenossen zeigt, übertrieben markiert oder übermäßig hinter Hündinnen her ist. Bei einer Hündin empfiehlt sich eine Kastration, wenn sie nach der Läufigkeit ausgeprägt scheinträchtig wird. Da Hormone mehrere Aufgaben haben, scheint es grundsätzlich sinnvoll, mit der Kastration zu warten, bis der Hund ausgewachsen ist. Erst dann ist auch das Wesen des Hundes ausgereift. Hündinnen, die zu dominantem Verhalten neigen, können durch eine Kastration sogar noch dominanter werden. Eine zu frühe Kastration wirkt sich nachteilig auf das Lernvermögen aus.

? Wie oft werden Hündinnen läufig, und woran erkenne ich das?

Etwa jedes halbe Jahr für ungefähr drei Wochen. Manche Hündinnen haben längere Zyklen. Rüden interessieren sich meist schon einige Zeit vor Beginn der Läufigkeit für die Hündin. Stellen Sie blutigen Ausfluss fest, geht's los. »Gefährlich« wird es, wenn dieser Ausfluss klarer wird und die Hündin Rüden nicht mehr abwehrt. Achten Sie gut auf Ihre Hündin, denn sie sucht in dieser Zeit auch von sich aus Rüden, nicht nur umgekehrt.

? Gibt es den »Welpenschutz«?

Welpenschutz bedeutet, dass sich erwachsene Hunde Welpen gegenüber freundlich verhalten. Er gilt in erster Linie für Welpen des eigenen Rudels. Trotzdem kommen die meisten Hunde gut mit Welpen aus. Aber das hängt entscheidend von den Erfahrungen in ihrer eigenen Kindheit und von ihrer Veranlagung ab. Deshalb kann man sich nicht generell darauf verlassen. Achten Sie darauf, dass Ihr Welpe in der Sozialisierungsphase keine schlechten Erfahrungen macht.

? Was bedeutet »moderne Hundeerziehung«?

Die moderne Hundeerziehung stützt sich auf die Er-

Durch das Markieren kennzeichnet der Rüde die Grenzen seines Reviers.

gebnisse der Verhaltensforschung. Mensch und Hund sind ein Team, wobei der Mensch eindeutig der übergeordnete Partner ist. Dies wird dem Hund artgerecht vermittelt, d. h., erwünschtes Verhalten wird mit positiver Motivation geformt. Der Hund soll nicht aus Angst gehorchen, sondern seinen Menschen vertrauensvoll als »Leithund« anerkennen. Dies hat aber nichts mit antiautoritärer Erziehung zu tun. Mit Starkzwangmethoden wird nicht pauschal gearbeitet.

Wo bekomme ich einen Rassehund?

Am besten wenden Sie sich an den Verband für das Deutsche Hundewesen e. V., VDH (→ Adressen, Seite 60). Dort erhalten Sie Anschriften seriöser Rassehundzuchtverbände. Hunde, die zur Zucht verwendet werden, müssen etliche Auflagen erfüllen. Aber auch bei den Zuchtverbänden ist nicht alles Gold, was glänzt. Informieren Sie sich über deren Zuchtziele. Besuchen Sie möglichst mehrere Züchter und lassen Sie sich besonders die Wesensbeurteilungen ihrer Hunde zeigen. Ein Tipp: Auf Ausstellungen

des VDH sehen Sie die für Sie interessanten Rassen live, und Sie können sich in etwa ein Bild davon machen.

Kann ich meinen Hund zu sehr verwöhnen?

Unter den Hunden gibt es richtige »Schmuser«, aber auch solche, die etwas reservierter sind. Inwieweit Sie Ihren Hund verwöhnen, hängt von dieser Eigenschaft und auch von Ihnen selbst ab. Soziale Kommunikation ist zweifellos sehr wichtig, Sie dürfen aber die Dinge, die für eine klare Rangordnung sorgen, nicht übersehen. Mäntelchen, Käppis und dergleichen sollten Sie Ihrem Hund lieber ersparen.

Haben Hunde ein schlechtes Gewissen?

Nein, haben sie nicht. Was gelegentlich so aussieht, obwohl die »Missetat« schon Minuten oder länger zurückliegt, ist die Unsicherheit des Hundes, mit der er auf Ihren ärgerlichen Tonfall und den entsprechenden Körper- und Gesichtsausdruck reagiert. Lob und Zurechtweisung müssen immer innerhalb weniger Sekunden auf das jeweilige Verhalten erfolgen.

MEINE TIPPS FÜR SIE

Katharina Schlegl-Kofler

Kind und Hund

Kinder und Hunde können die dicksten Freunde werden, wenn Sie einige Dinge beherzigen:

➤ Die Verantwortung und die Erziehungsaufgabe liegt immer bei den Eltern. Schaffen Sie nie einen Hund nur für die Kinder an.

➤ Ob ein Hund kinderfreundlich ist, hängt weniger von der Rasse als von seinen Erfahrungen ab. Grundsätzlich eignen sich gelassene, nervenfeste Hunde ohne ausgeprägten Wach- und Schutzinstinkt am besten für Familien mit Kindern.

➤ Kinder sollten beim Spielen und Toben nie in die Verliererposition geraten.

➤ Lassen Sie Kinder nicht mit dem Hund allein. Das gilt auch für Spaziergänge. Der Hund könnte sich losreißen und das Kind an der Leine mit sich reißen.

➤ Achten Sie darauf, dass Ihre Kinder den Hund nicht einfach so zum Spaß ärgern oder im Schlaf stören.

Artgerechter Umgang mit dem Hund

So lernen Hunde

Der Hund lernt am Erfolg. Das heißt, alle Verhaltensweisen, die sich in irgendeiner Weise für ihn lohnen, wird er gezielt wieder einsetzen. Was ihm dauerhaft nichts bringt oder gar Negatives beschert, wird er mit der Zeit einstellen. Lassen Sie sich diesen Gedanken einmal durch den Kopf gehen. Wann gehen Sie auf Ihren Vierbeiner ein oder

belohnen ihn? Oder wann belohnt er sich unbewusst für etwas, was Sie eigentlich gar nicht wollen?

Ein guter Gehorsam des Hundes, besonders in »kniffligen« Situationen, ist für die meisten Hundebesitzer Ziel ihrer Erziehungsbemühungen. Um dies zu erreichen, ist neben dem artgerechten Umgang im Alltag kontinuierliches Üben unerlässlich.

Richtig loben

Das richtige Timing ist hier besonders wichtig! Das bedeutet, den Hund grundsätzlich unmittelbar im Anschluss an ein erwünschtes Verhalten zu loben.

➤ Soll der Hund beispielsweise »Sitz« lernen, bekommt er sein Häppchen genau in dem Moment, in dem er korrekt sitzt.

➤ Wollen Sie, dass der Vierbeiner lernt, längere Zeit ruhig zu sitzen, bekommt er die Belohnung erst, nachdem er eine Weile ruhig sitzen geblieben ist.

Als Lob eignen sich verschiedene Dinge: Leckerchen, eine

überschwängliche Stimme, Streicheleinheiten oder ein gemeinsames Spiel am Ende der Übungsstunde. Passen Sie das Lob an die Vorlieben des Hundes und die jeweilige Situation an.

Belohnungshäppchen richtig einsetzen

Leckerchen eignen sich gut als Lob, weil sie gezielt einsetzbar sind. Wichtig ist dabei aber, dass der Hund wirklich richtig Hunger hat und er das Leckerchen erst dann bekommt, wenn er etwas geleistet hat. Und es muss das richtige Häppchen sein. Gefräßige Hunde nehmen meist auch gewöhnliche Leckerchen. Ist Ihr Hund dagegen von der heikleren, weniger gefräßigen Sorte, oder lässt er sich leicht ablenken, dann müssen Sie andere Register ziehen. Kleine Käsestückchen, gekochtes Putenschnitzel in kleinen Stückchen oder Ähnliches wirken sicher auch bei ihm.

Wann loben? Zu Beginn der Ausbildung bekommt der Schüler jedes Mal eine Beloh-

Angstfrei und positiv motiviert lernt der Hund am leichtesten.

1 Halsband

Das Halsband sollte nicht zu schmal sein und keine oder nur eine begrenzte Zugwirkung haben. Für den Welpen ist ein in der Weite verstellbares Halsband empfehlenswert.

2 Kopfhalfter

Führen Sie den Hund am Kopfhalfter, befestigen Sie den kleineren Karabinerhaken der Leine am Halfter, den größeren am Halsband. Das Kopfhalfter darf weder zu eng noch zu weit sein.

3 Leine

Zum Üben eignet sich am besten eine Leine aus Leder oder textilem Material, die mit einem zusätzlichen Karabinerhaken und einigen Ringen in der Länge verstellt werden kann.

nung, wenn er das zu lernende Kommando befolgt hat. Sobald er es sicher beherrscht, geben Sie ihm nur noch ab und zu oder bei erhöhtem Schwierigkeitsgrad ein Häppchen.

Lässt sich Ihr Hund absolut nicht mit Leckerchen motivieren, hat er aber ein heiß geliebtes Spielzeug, zeigen Sie ihm dieses während der Übung. Zum Schluss darf er damit spielen.

CHECKLISTE

Ausrüstung

Unentbehrlich:
✔ Normales Halsband.

✔ Durch einen Karabinerhaken in der Länge verstellbare Leine.

Beides sollte nicht zu schwer, aber stabil sein.

Empfehlenswert:
✔ Stabile Hundepfeife (für das Kommen).

Sie wirkt eindringlicher und präziser als das verbale Hörzeichen. Der Hund muss allerdings erst darauf trainiert werden (→ Seite 34–35).

In bestimmten Fällen sinnvoll:
✔ Kopfhalfter (nicht für Welpen).

✔ Lange Leine (ab Junghundalter), circa fünf Meter, stabil, nicht zu schwer; nicht zu dünn, da es zu Verletzungen der Hände kommen kann, wenn der Hund plötzlich zerrt (→ Seite 45).

Beides wird vorübergehend angewandt – oft über Wochen oder Monate.

✔ Box, um dem Hund in turbulenten Haushalten eine Rückzugsmöglichkeit zu bieten, eine zu enge Bindung zu lockern, zur Gewöhnung an das Alleinbleiben und für die Stubenreinheit nachts (→ Seite 31).

Unerwünschtes Verhalten beeinflussen

Hier gibt es verschiedene Möglichkeiten. Welche Sie wählen, hängt von der Verhaltensweise ab, auf die Sie einwirken wollen.

weisen sehr gut beeinflussen, mit denen er keinen großen Schaden anrichten kann. Dazu gehören z. B. Betteln am Tisch, aufdringliches Verhalten Menschen gegenüber oder das Anspringen von Menschen. Beim Ignorieren ist Durchhaltevermögen gefragt. Der Hund darf mit dem Verhalten, das Sie bei ihm »auslöschen« wollen, keinesfalls auch nur den kleinsten Erfolg haben.
Nicht durch Ignorieren beeinflussen lassen sich beispielsweise das Jagen, Zerkauen von Gegenständen oder das Verfolgen von Jog-

gern, also selbstbelohnende Verhaltensweisen, die dem Hund Lust bereiten, ohne dass er ein bestimmtes Ziel erreichen möchte.

Der Schnauzgriff

Der Griff über den Fang ist eine unter Hunden und Wölfen übliche Methode, um erzieherisch einzuwirken oder Überlegenheit zu demonstrieren. Wir Menschen benutzen dafür eine Hand, mit der wir den Fang des Hundes von oben – je nach Hund und Situation – mehr oder weniger kräftig umschließen (→ Foto links).

> Den Schnauzgriff als Zurechtweisung kennt der Hund von seiner Mutter.

Ignorieren

Ignorieren heißt: Nichts zum Hund sagen und keinen Blickkontakt aufnehmen. Damit lassen sich Verhaltens-

TIPP

Ignorieren, aber richtig

Das Anspringen von Personen lässt sich gut durch Ignorieren beeinflussen. Der Hund springt hoch, um Aufmerksamkeit zu bekommen. Auch ein in dieser Situation geäußertes »Pfui« oder »Nein« ist eine Art der Zuwendung.

Gehen Sie deshalb so vor: In dem Moment, in dem der Hund springt, drehen Sie sich kommentarlos weg. Ignorieren Sie ihn, bis er wieder mit allen Vieren auf dem Boden bleibt. Erst dann wenden Sie sich ihm zu. Springt er abermals, wenden Sie sich erneut ab.

Wenden Sie den Griff nicht bei jeder Kleinigkeit an, aber z. B. wenn der Hund im Spiel in die Hände oder Kleidung schnappt und der Spielabbruch nicht fruchtet. Oder wenn er etwas im Maul hat, was er hergeben soll, aber nicht will (→ Seite 42).

Strafe aus heiterem Himmel

Ist der Hund z. B. gerade im Begriff, etwas vom Tisch zu klauen oder vom Boden aufzunehmen oder setzt er gerade zur Verfolgung eines Joggers an, kann ihn eine mit Steinen gefüllte Blechdose oder eine Wurfkette (aus dem Zoofachhandel), die scheppernd direkt neben ihm landen, von seinem Tun abhalten. Er darf dabei aber nicht merken, wer den Gegenstand geworfen hat! Kommt der Hund verdutzt zu Ihnen zurück, loben Sie ihn.

Richtig korrigieren

Bei Gehorsamsübungen kann es vorkommen, dass der Hund ein erteiltes, ihm bekanntes Kommando nicht sofort befolgt oder es ohne Erlaubnis abbricht. Dann sollten Sie ihn korrigieren, d. h. körperlich unterstützen.

> Auch wenn Ihr Hund noch so nett bettelt, den Spielbeginn bestimmen Sie.

➤ Zerrt er an der Leine, geben Sie ihm in der Distanz einen Ruck.
➤ Will er sich nicht setzen, drücken Sie sein Hinterteil sanft nach unten.
➤ Beim Platz können Sie ihn je nach Hundegröße im Schulterbereich nach unten drücken, ihm die Vorderbeine nach vorn ziehen oder ihn »umlegen«; (Letzteres nur bei klaren Rangverhältnissen!).

Bitte beachten: Auch eine Zurechtweisung muss unmittelbar im Anschluss an das jeweilige Verhalten erfolgen.

CHECKLISTE

Das richtige Timing

In Erziehungsfragen ist der richtige Zeitpunkt ganz entscheidend:

✔ Korrigieren Sie Ihren Hund genau dann, wenn er im Begriff ist, etwas falsch zu machen: Steht er beispielsweise unerlaubt aus dem Platz auf, wird er schon während des Aufstehens korrigiert, nicht erst dann, wenn er schon aufgestanden ist.

✔ Tadeln Sie ihn genau dann, wenn er gerade ansetzt, etwas Verbotenes zu tun: Will er etwas vom Tisch klauen, korrigieren Sie den Hund in dem Moment, in dem er den Happen nehmen will.

Die Rangordnung stabilisieren

Oberstes Gebot für eine klare Rangordnung: Der Mensch agiert, der Hund reagiert! Denken Sie in allen möglichen Alltagssituationen an diesen Grundsatz. Richtet sich zu Hause alles nach dem Hund, fühlt er sich auch als »Boss«! Gehen Sie deshalb

> Für einen gut erzogenen Hund sind auch solche Situationen kein Problem.

möglichst wenig auf Aufforderungen jeglicher Art des Hundes ein, sondern ergreifen Sie die Initiative. Je selbstbewusster der Hund ist, desto

konsequenter sollten Sie diesen Ratschlag befolgen.

Beispiele für Rangeinweisungen

➤ Sie bestimmen, wann und wie lange Sie mit dem Hund spielen, ob er hinaus darf oder im Haus bleiben muss.
➤ Sie bestimmen, wann Sie ihn streicheln wollen. Nämlich nicht immer dann, wenn er Sie dazu animiert.
➤ Füttern Sie den Hund nicht, wenn er bellend oder winselnd danach fordert, sondern erst, nachdem er sich einige Minuten lang ruhig verhalten hat.
➤ Erhöhte Liegeplätze wie Bett, Sofa, Sessel sind tabu.

➤ Wenn Sie mit dem Hund die Wohnung verlassen, gehen Sie zuerst, dann er.
➤ Liegt er Ihnen im Weg, soll er ausweichen.
➤ Erst isst der »Chef«, dann der Hund. Das bedeutet, sein Futter sollte der Hund erst bekommen, wenn Sie gegessen haben. Und was er nicht in etwa zehn Minuten gefressen hat, nehmen Sie ihm weg. Diese Tipps kommen Ihnen vielleicht hartherzig vor. Ich kann Ihnen aber versichern, sie wirken auf Ihren Hund, wenn Sie danach handeln, äußerst positiv. Denken Sie daran, dass Ihr Hund Sie ohne klare Rangordnung nicht als »Rudelführer« be-

TIPP

Wichtig für jeden Hund: Beschäftigung

➤ Jeder Hund möchte von Natur aus etwas tun. Deshalb ist es empfehlenswert, ihn nicht nur körperlich, sondern auch psychisch auszulasten. Geeignet dafür sind Gehorsamstraining, Geschicklichkeitsübungen, Suchaufgaben oder rassespezifische Beschäftigungen.

➤ Unausgelastete Hunde graben beispielsweise den Garten um, springen über den Zaun, verbellen Passanten oder machen etwas kaputt, um ihre Energie loszuwerden. Auch Jagen, Streunen und Aggressivität können durch Unterforderung verstärkt werden.

> *Herrscht in der Familie Einigkeit im Umgang mit dem Hund und gibt es eine klare Rangordnung, dann fühlt sich der Vierbeiner sicher und geborgen.*

trachtet und nicht gehorcht. Tadeln Sie ihn dann für Ungehorsam, ist das für Ihren Hund unverständlich und er wird sich vielleicht wehren.

Mit dem Hund kommunizieren

Damit der Hund Sie versteht, kommt es auf die richtige Kombination von Stimme und Körpersprache an. Treten Sie ihm gegenüber immer souverän und sicher auf! Kommandos klingen freundlich, aber verbindlich und sind leise. Sie sollen kurz, prägnant und gut betont sein. Soll sich der Hund ruhig verhalten, etwa beim Platz, muss diese Ruhe sowohl Ihre Stimme als auch Ihr Körperausdruck vermitteln.

Aktivität beim Hund erzielen Sie dagegen mit aufmunternder Stimme und einer Körpersprache, die Bewegung vermittelt. Vermeiden Sie Erklärungen, Fragen und Bitten; Ihr Hund stellt seine Ohren sonst auf »Durchzug«.

Wichtig ist ein einheitlicher Umgang mit dem Tier. Einmal festgelegt, bleiben Regeln und Grenzen im Zusammenleben immer gleich und werden von allen Bezugspersonen gleich gehandhabt. Kommandos sollte der Vierbeiner immer exakt ausführen und, sobald er sie sicher beherrscht, sofort befolgen. Geben Sie ein Kommando nur, wenn Sie es auch sofort durchsetzen können! Ein Beispiel: Gehen Sie ohne Hund aus dem Haus, schicken Sie ihn nicht mit »Platz und Bleib« auf seinen Schlafplatz. Sie können ihn nicht korrigieren, falls er doch aufsteht.

Verhaltensdolmetscher
Hunde

Kennen Sie die Hundesprache? Hier erfahren Sie, was Ihr Vierbeiner mit seinem Verhalten ausdrücken möchte **?** , und wie Sie richtig darauf reagieren**➡**.

> Der Hund liegt auf den Vorderpfoten, das Hinterteil ist hochgereckt.
>
> **?** Er fordert einen anderen Hund zum Spielen auf.
> **➡** Lassen Sie sie zusammen spielen. Soziale Kontakte sind wichtig für die Entwicklung.

> Ein erwachsener Dackel nimmt Kontakt zu Welpen auf.
>
> **?** Ein Welpe unterwirft sich, um den erwachsenen Hund zu beschwichtigen.
> **➡** Zeigt der Dackel intaktes Sozialverhalten, greifen Sie nicht ein. Beobachten Sie aber.

Diese Hunde treffen zufällig aufeinander.

? Sie wollen durch Beriechen etwas voneinander erfahren.

➡ Halten Sie Abstand. Sollten sich die beiden nicht mögen, gehen Sie weiter und rufen Ihren Hund zu sich.

Der Kleine Münsterländer buddelt intensiv im Boden.

? Er hat eine Maus gewittert und gräbt danach.

➡ Da dies den Jagdinstinkt fördert, sollten Sie es verhindern. Wenn er gern buddelt, bieten Sie dem Hund im Garten einen Sandkasten.

Ihr Australian Shepherd bringt sein Spielzeug.

? Er fordert Sie zum Spielen auf.

➡ Ist Ihr Hund sehr selbstbewusst, sollten Sie möglichst nicht auf diese Aufforderungen eingehen.

Der Dalmatiner hat markiert und scharrt danach.

? Durch Scharren will er seine Duftmarke weiterverteilen.

➡ Ist der Hund sehr selbstbewusst, sollten Sie ihn dabei öfter unterbrechen.

Test: Wie gut kennen Sie Hunde?

Bevor Sie mit den praktischen Übungen beginnen, können Sie Ihr Wissen testen. Pro Frage können auch mehrere Antworten richtig sein.

? 1. In welchem Alter durchläuft der Hund die wichtigsten Entwicklungsphasen?
[a] In den ersten zwei Jahren.
[b] In den ersten 16 Lebenswochen.
[c] Das ganze Leben.

? 2. Welche Aussage ist richtig?
[a] Der Hund ist Mittelpunkt der Familie.
[b] Der Hund muss sich nach dem Menschen richten.

[c] Wenn der Hund etwas von mir will, gehe ich sofort darauf ein.

? 3. Welche Möglichkeiten zur Beeinflussung unerwünschter Verhaltensweisen sind artgerecht?
[a] Der Schnauzgriff.
[b] Klaps mit der Zeitung.
[c] In den Keller sperren.
[d] Ignorieren.

? 4. Ihr Hund zeigt vor etwas Ungefährlichem Angst. Wie reagieren Sie richtig?
[a] Sie streicheln ihn beruhigend.
[b] Sie tadeln ihn und greifen ihm über den Fang.

[c] Sie zeigen ihm durch Ihr entspanntes Verhalten, dass es keinen Grund zur Angst gibt.

? 5. Welche Aussagen zum Einsatz von Belohnungshäppchen sind richtig?
[a] Der Happen wird nur gezielt bei exakter Ausführung und im richtigen Moment gegeben.
[b] Der Hund wird stets für jede richtige Übung belohnt.
[c] Mit der Zeit werden Häppchen abgebaut und nur noch ab und zu gegeben.
[d] Leckerbissen werden zur Auflockerung während des Trainings gereicht.

? 6. Welche der folgenden Situationen lassen sich durch Ignorieren beeinflussen?
[a] Der Hund bettelt am Tisch.
[b] Der Hund verfolgt einen Radfahrer.
[c] Der Hund springt an Ihnen hoch.

Schon der Welpe muss lernen, dass er nicht in Kleidung oder Körperteile kneifen darf.

d Der Hund nagt an Ihrem Perserteppich.

7. Welche Aussagen zur Verständigung mit dem Hund sind richtig?

a Kommandos müssen laut und drohend sein.

b Kommandos klingen verbindlich, kurz und werden deutlich betont.

c Ein Kommando muss möglichst ausführlich sein.

d Kommandos werden durch die Körpersprache unterstützt.

8. Für den richtigen Umgang mit dem Hund ist es wichtig, dass

a man ihm jeden Wunsch von den Augen abliest.

b man konsequent auf die Einhaltung von Regeln besteht.

c alle Familienmitglieder einheitlich mit dem Hund umgehen.

9. In welchen Situationen reagieren Sie richtig?

a Der Hund mag sich nicht setzen. Weil Sie das Leckerchen aber schon in der Hand haben, bekommt der Hund es aber trotzdem.

b Ihr Hund kommt erst nach fünfmaligem Rufen. Verärgert schimpfen Sie ihn.

c Der Welpe hat vor zehn Minuten ein Häufchen in das Wohnzimmer gemacht. Sie beseitigen es kommentarlos.

10. Welche Aussagen zur Entwicklung des Welpen sind richtig?

a Die Zeit beim Züchter ist nicht wichtig, da der Hund eh noch nichts mitkriegt.

b Der Welpe soll alles, was später mal zu seinem Umfeld gehören wird, kennen lernen.

c Weil der Welpe noch so klein ist, darf er mit ins Bett und auf das Sofa.

d Regeln, die später auch für den erwachsenen Hund gelten sollen, muss bereits der Welpe befolgen.

Die Lösungen:

1. b → Seite 12/13
2. b → Seite 22
3. a, d → Seite 20/21
4. c → Seite 18 und 31
5. a, c → Seite 18/19
6. a, c → Seite 20
7. b, d → Seite 23
8. b, c → Seite 23
9. c → Seite 18
10. b, d → Seite 12/13

Katharina Schlegl-Kofler

MEINE TIPPS FÜR SIE

Spielen angesagt

Spielen mit dem Hund fördert die Bindung. Beachten Sie dabei Folgendes:

➤ Lassen Sie dem Hund nur ein oder zwei Dinge zum Alleinspielen.

➤ Holen Sie ein besonders beliebtes Spielzeug gezielt hervor und räumen Sie es anschließend wieder weg. Gut geeignet ist z. B. ein Ball mit Schnur.

➤ Verstecken Sie das Spielzeug hinter sich und machen Sie den Hund mit lockender Stimme »heiß«. Nun bewegen Sie es z. B. im Zickzack und mit »Beutelauten« am Boden vor dem Hund hin und her. Jetzt folgt ein kleines Ziehspiel. Bringt der Hund gern, werfen Sie es ihm nun zu.

➤ Bei Ziehspielen sollten meist Sie der Sieger sein.

➤ Der Hund darf nicht in die Kleidung oder den Körper kneifen. Quittieren Sie das mit sofortigem Spielabbruch und Ignorieren bzw., falls nötig, mit dem Schnauzgriff (→ Seite 20).

Grunderziehungs-Programm

Ein Welpe zieht ein

Der Einzug eines Welpen bringt das Familienleben meist etwas durcheinander. So mancher frisch gebackene Hundebesitzer fühlt sich anfangs leicht überfordert. Doch sind die ersten Wochen erst mal geschafft, und haben Sie sich so richtig in das Hundemetier »eingearbeitet«, wird alles einfacher. Damit Sie viel Freude an Ihrem Vierbeiner haben und

dieser in der Öffentlichkeit niemanden belästigt oder gefährdet, muss er von Anfang an lernen, bestimmte Kommandos zuverlässig zu befolgen. Der Weg dorthin erfordert von Ihnen viel Engagement, Beständigkeit und Durchsetzungsvermögen. Außerdem sind oft sachliche Überlegungen anstatt Emotionen gefragt. Das fällt vielen Hundehaltern schwer.

Bitte beachten! Der Welpe muss zwar vieles kennen lernen, es ist aber wichtig, ihn nicht mit einem Zwölf-Stunden-Programm zu überfordern. Der kleine Hund braucht seine Ruhephasen und darf nie aus dem Schlaf gerissen werden.

Die Stubenreinheit

Um den Kleinen stubenrein zu bekommen, hilft nichts anderes, als den Welpen permanent im Auge zu behalten. Sobald er Anstalten macht, in die »Hocke« zu gehen oder sich im Kreis zu drehen, bringen Sie ihn sofort hinaus. Loben Sie ihn und sagen Sie immer ein bestimmtes Wort, z. B. »Beeil dich«, wenn er sein »Geschäft« verrichtet. So verknüpft er am schnellsten, was Sie von ihm erwarten. Außerdem sollten Sie ihn nach jedem Aufwachen und Fressen sowie während des Spielens hinausbringen. Damit der Welpe lernt, auch nachts nicht in die Wohnung zu machen, sollte er in Ihrer unmittelbaren Nähe schlafen, sodass Sie ihn hören können.

> *Spielen ist für den Hund nicht nur Spaß, es wirkt sich auch positiv auf seine körperliche und soziale Entwicklung aus.*

> *Gemeinsames Kontaktliegen, etwa nach einem Ausflug oder dem Spielen, stärkt die Bindung zwischen Hund und Mensch.*

Am besten in einer Box (Zoofachhandel) oder geräumigen Kiste. Da er seinen Schlafplatz nicht beschmutzt, wird er winseln, wenn er muss. Dann heißt es, ab in den Morgenmantel und raus mit ihm!

Bindung aufbauen

Es ist ratsam, in den ersten Tagen möglichst ständig mit dem Welpen zusammen zu sein. Die Fütterung, gemeinsame »Abenteuerspaziergänge«, Schmusen und Kontaktliegen fördern den Aufbau der Bindung. Auch das Spielen mit dem Welpen sowie das Erziehen und Setzen von Grenzen tragen wesentlich dazu bei.
Allerdings sollte der Welpe Ihnen nicht ständig wie ein Schatten folgen. Er muss weder mit ins Bad noch auf die Toilette oder in den Keller. Mein Tipp: Gewöhnen Sie den Welpen daran, auch tagsüber ab und zu für kurze Zeit in einer Box oder großen Kiste (z. B. in der Schlafbox) zu bleiben, indem Sie ihn darin füttern und seine Schlafdecke hineinlegen. Darin können Sie den Welpen unterbringen, wenn Sie mal keine Zeit für ihn haben oder wenn er nicht richtig zur Ruhe kommt, weil beispielsweise die Kinder ständig mit ihm spielen möchten. Nebenbei lernt er dadurch, eine bestimmte Distanz zu Ihnen auszuhalten, was für das spätere Alleinbleiben sehr nützlich ist.

Körperpflege zulassen

Meine Empfehlung: Bringen Sie dem Hund beizeiten bei, sich jederzeit und überall anfassen zu lassen. Gewöhnen Sie ihn deshalb von klein auf an regelmäßige Kontrollen von Gebiss, Augen, Ohren, Pfoten usw. Dies ist z.B. wichtig für die Besuche beim Tierarzt. Regelmäßiges Bürsten mit einer weichen Bürste oder einem Massagehandschuh gehören ebenfalls dazu. Um seine Unterordnungsbereitschaft zu fördern, legen

TIPP

Der ängstliche Hund

Zeigt Ihr Hund Angst in ungefährlichen Alltagssituation? Auch wenn er Ihnen Leid tut – daran muss er sich gewöhnen. So reagieren Sie richtig:

✔ Nicht beruhigend streicheln und bedauern, sonst bestärken Sie Ihren Liebling nur in seiner Angst.

✔ Ermuntern Sie ihn immer wieder zum gemeinsamen Erkunden der Situation, bis er sich entspannt verhält.

✔ Nehmen Sie ihm durch Ihr entspanntes Verhalten mit der Zeit seine Angst.

✔ Machen Sie den Welpen schon frühzeitig mit unbekannten Situationen vertraut.

Sie den Hund ab und zu sanft auf den Rücken und halten ihn fest. Erst auf Ihre Aufforderung hin darf er dann wieder aufstehen.

> *So ein langer Spaziergang! Puh, das war vielleicht anstrengend.*

Erste Spaziergänge

Gemeinsames Tun verbindet. Bieten Sie dem Welpen auf den kurzen Ausflügen etwas Spannendes.
➤ Animieren Sie ihn mit Leckerchen oder Spielzeug dazu, über einen kleinen Baumstamm zu klettern oder darauf zu balancieren.
➤ Durchwaten Sie mit ihm ein Bächlein oder eine größere Pfütze.

➤ Verstecken Sie sich ab und zu und freuen Sie sich überschwänglich, wenn er Sie von selbst oder durch Zuruf gefunden hat.
Lassen Sie den Welpen, wo immer es geht, frei laufen. Je jünger er ist, umso stärker ist sein Instinkt, Ihnen zu folgen. Achtet er nicht so ganz auf Sie, ändern Sie öfter ohne Vorankündigung die Richtung. Gehen Sie häufiger in unbekanntem Gebiet spazieren, da hält der Welpe besser Anschluss.

Gewöhnung an die Umwelt

Es ist ratsam, den Welpen in den nächsten Wochen an alle möglichen Geräusche und Umgebungen zu gewöhnen (→ Seite 12). Diesen Reizen sollte er jeweils mehrere Male

pro Woche, aber nicht zu lange ausgesetzt werden. Zeigt er vor etwas Angst, ermuntern Sie ihn in entspannter Haltung, mit Ihnen dieses Objekt zu untersuchen. Keinesfalls dürfen Sie ihn durch Streicheln oder An-sich-Drücken »beruhigen«, denn damit belohnen Sie nur seine Angst. Empfehlenswert ist auch der erste Tierarztbesuch nur zum Kennenlernen, ohne unangenehme Behandlungen.
Nehmen Sie den Welpen mit ins Restaurant oder zu Bekannten, sollte seine Schlafdecke dabei sein. Dann hat er auch in fremder Umgebung seinen vertrauten Liegeplatz.

Welpenspielgruppen

Um sich mit seinesgleichen verständigen zu lernen, sollte der kleine Hund auch nach

---

TIPP

Hund im Garten

➤ Kein Garten kann Bewegung und Beschäftigung mit dem Hund ersetzen. Auch wenn die Fläche noch so groß ist, kennt der Hund rasch jeden Grashalm.

➤ Wird es ihm langweilig, stellt er etwas an, etwa umgraben, über den Zaun springen oder wütend jeden verbellen, der vorbeigeht. Dadurch verschafft er sich ungünstige Erfolgserlebnisse.

➤ Ist der Hund häufig und lange sich selbst überlassen, wirkt sich das negativ auf die Bindung aus. Außerdem wird er zu eigenständig.

> *In die Hocke gehen und mit freudiger, spannender Stimme rufen – so kommt Ihr Welpe garantiert zu Ihnen gelaufen.*

der Übernahme vom Züchter Kontakt zu Gleichaltrigen haben. Besuchen Sie dazu zwischen der neunten und 16. Lebenswoche eine kompetent geführte Welpenspielgruppe. Woran Sie diese erkennen? (→ Checkliste rechts). Adressen erfragen Sie am besten beim Tierarzt oder über andere Hundebesitzer.

Erste Gehorsams-übungen

Einige Kommandos stehen auch schon für den Welpen auf dem Stundenplan, damit für ihn das Gehorchen selbstverständlich wird. Beginnen Sie damit, sobald sich der Kleine ein, zwei Tage bei Ihnen eingewöhnt hat. Das Kommen auf Ruf (→ Seite 34/35), »Sitz« und »Platz« (→ Seite 36 und 37) lernt der Welpe mühelos durch positive Motivation. Auch das Auslassen (→ Seite 42) sowie erste Bleib-Übungen (→ Seite 38/39), stehen auf dem Erziehungs-Programm, sobald er etwas älter ist .

Im Welpenalter genügt es, etwa dreimal täglich wenige Minuten zu trainieren, da sich der Kleine noch nicht länger konzentrieren kann (→ Seite 64).

(→ Seite 34/35), (→ Seite 36 und 37), (→ Seite 42), (→ Seite 38/39), (→ Seite 64).

CHECKLISTE

Welpenspielgruppen

Beim Besuch einer Welpenspielgruppe sollten Sie auf Folgendes achten:

✔ Die Welpen sind nicht älter als etwa 16 Wochen.

✔ Sie gehören idealerweise verschiedenen Rassen an.

✔ Die Gruppe umfasst nicht mehr als etwa acht Welpen mit ihren Besitzern.

✔ Im Vordergrund stehen das gemeinsame Spiel, Bindungsübungen und das Erkunden unbekannter Situationen.

✔ Ein kleiner Teil: erste Gehorsamsübungen über positive Motivation.

✔ Der Kursleiter vermittelt auch viel Theorie.

33

Die Basisübungen

Beherrscht der Hund die folgenden Übungen, lassen sich viele unliebsame Situationen im Alltag vermeiden. Sofern nichts anderes angegeben, sind die Übungen sowohl für den Welpen als auch für den erwachsenen Hund geeignet. Sie sollten allerdings bereits mit dem ganz jungen Hund trainiert werden.

› *Richtig vorsitzen: gerade und dicht vor Ihnen, volle Konzentration auf Sie.*

Kommen auf Ruf oder Pfiff

Ziel: Auf einmaliges Rufen oder Pfeifen kommt der Hund sofort und freudig, sitzt vor und begibt sich auf das entsprechende Hörzeichen an die Seite des Hundeführers.

Hörzeichen: »Hiiier« oder ein längerer Pfiff.

Hilfsmittel: Leckerchen über mehrere Monate, Hundepfeife, eventuell lange Leine.

1. Schritt: Bauen Sie die Übung gemäß Tabelle Seite 35 auf. Ist der Hund bei Ihnen angekommen, bekommt er sofort seine Belohnung, wird geknuddelt und gestreichelt. Währenddessen sollte er nicht weglaufen, greifen Sie ihn jedoch nicht sofort am Halsband. Nach dem Knuddeln leinen Sie ihn an oder lassen ihn wieder laufen. Falls der Hund dazu tendiert, nicht ganz zu Ihnen zu kommen oder an Ihnen vorbeizulaufen, können Sie die lange Leine einsetzen sobald er etwas älter ist, (→Seite 45).

2. Schritt: Erst wenn der Hund immer freudig kommt, gehen Sie dazu über, ihn bei der Ankunft sitzen zu lassen. So kann er sich besser auf Sie konzentrieren. Und so funktioniert das: Halten Sie das Leckerchen in der Hand und klopfen Sie sich mit den Händen auf den Bauch, während Sie rückwärts weglaufen und den Hund rufen. Sobald er ganz nah bei Ihnen ist, lassen Sie ihn sitzen. Nun geben Sie das Häppchen und warten kurze Zeit. Führen Sie den Hund dann mit »Bei Fuß« hinten herum an Ihre Seite und lassen ihn sitzen.

Bitte beachten: Bei dieser Übung darf der Hund, ganz besonders der Welpe, niemals die Erfahrung machen, dass er das Kommando ignorieren könnte. Ich rate Ihnen deshalb, diese Übung die ersten Wochen ohne Ablenkung und nur dann, wenn der Hund unter Kontrolle ist (→ Tabelle, Seite 35), zu trainieren. In der ersten Woche geschieht dies nur in Verbindung mit den Mahlzeiten. Während Sie das Futter zubereiten, sollte der Hund mit einer anderen Person in einem anderen Zimmer sein,

damit er nicht schon zu früh bei Ihnen angelangt ist.
Hier einige Tipps, solange der Hund noch nicht zuverlässig gehorcht:

➤ Rufen Sie ihn draußen nicht mit dem Hörzeichen, sondern machen Sie ihn mit spannender Stimme und z. B. Händeklatschen oder Spielzeug auf sich aufmerksam.

➤ Laufen Sie stets in die entgegengesetzte Richtung weg.

➤ Warten Sie nie auf den Hund und laufen Sie nie hinterher!

> *Rufen Sie den Hund mit spannender Stimme und bleiben Sie erst dann stehen, wenn er dicht bei Ihnen angekommen ist.*

Übungsplan »Kommen auf Ruf oder Pfiff«

(Über ca. drei Wochen ohne Ablenkung in Haus oder Wohnung üben, dann auch draußen trainieren.)

Wann rufen?	Wie lange?	Wie oft?
Ist das Futter fertig, den Hund per Hörzeichen oder Pfiff rufen. Kommt er, loben Sie ihn und geben ihm das Futter.	Etwa eine Woche.	Bei jeder Mahlzeit, 4- bis 5-mal täglich.
Rufen Sie den hungrigen Hund auch außerhalb der Mahlzeiten, aber ausschließlich innerhalb der Wohnung zu sich. Kommt er, geben Sie ihm ein besonderes Häppchen.	Etwa eine Woche.	Mehrmals täglich, zusätzlich zu den Mahlzeiten.
Rufen Sie den hungrigen Hund nun auch aus dem Garten zu sich und geben Sie ihm eine besondere Belohnung.	Mindestens eine Woche.	Mehrmals täglich zusätzlich zu den Mahlzeiten.
Beim Spaziergang (öfter in unbekanntem Gelände) den nicht abgelenkten Hund zu sich locken. Ist er nur noch zwei bis drei Meter entfernt, Hörzeichen oder Pfiff einsetzen.	Je nach Fortschritt des Hundes über mehrere Wochen.	Mehrmals während des Spaziergangs.
Sollte der Hund zu wenig auf Sie achten, legen Sie ihm eine lange Leine an (→ Seite 45).		
Mit der Zeit geben Sie das Kommando, während der Hund auf dem Weg zu Ihnen ist, immer eher, bis er schließlich auf Pfiff oder Kommando sofort kommt.		

➤ Rufen Sie den Hund aus dem Freilauf oder Sitzen, niemals aber aus dem Platz.

➤ Loben Sie den Hund immer für das Kommen, ganz gleich, was vorher war.

Übung »Sitz«

Ziel: Der Hund sitzt auf einmaliges Hör- oder Sichtzeichen auch längere Zeit ruhig an Ihrer Seite.

> *In Erwartung des Leckerchens setzt sich schon der Welpe rasch und freudig.*

Hörzeichen: »Siieetz!«.
Sichtzeichen: Erhobener Zeigefinger.
Hilfsmittel: Leine, Leckerchen.

1. Schritt: Der Hund ist an lockerer Leine, damit er nicht »stiften« gehen kann. Halten Sie ein Leckerchen über den Kopf des Hundes. Er wird versuchen, es zu erreichen. Irgendwann wird er sich aus Frust, aber auch, um besser hochschauen zu können, setzen. Genau in diesem Moment nennen Sie das Hörzeichen und geben ihm das Leckerchen. Während er sitzt, kraulen Sie ihn ganz ruhig an der Brust und wiederholen das Kommando ein paar Mal. Nach kurzer Zeit, anfangs nach nur wenigen Sekunden, lassen Sie das Tier wieder aufstehen.

2. Schritt: Legen Sie nun immer mehr Wert darauf, dass der Hund sich auf »Sitz« an Ihre Seite setzt. Und zwar auf die Seite, auf der Sie ihn auch bei Fuß führen möchten. Lenken Sie ihn mit einem Leckerchen dicht vor seiner Nase wie an einer unsichtbaren Leine parallel zu Ihnen an diese Seite. Nennen Sie dann das Hörzeichen. Sitzt der Vierbeiner richtig, kraulen Sie ihn mit ruhigen Bewegungen an der Brust. Angenommen, er sitzt an Ihrer linken Seite, legen Sie Ihren linken Arm um seine linke Schulter und drücken ihn an der Brust kraulend ein wenig an sich; dadurch machen Sie ihm das Sitzen an Ihrer Seite angenehm. Ist der Hund ganz ruhig, stellen Sie das Kraulen allmählich ein und steigern langsam die Dauer des ruhigen Sitzens. Er sollte nach einigem Training ein paar Minuten ruhig neben Ihnen sitzen bleiben können.

TIPP

Sichtzeichen einsetzen

➤ Sichtzeichen gestalten das Training mit dem Hund abwechslungsreicher. Außerdem sind sie im Alltag praktisch und hilfreich.

➤ Durch die Motivation mit Leckerchen wird die Aufmerksamkeit des Hundes bereits auf die Hand und ihre Bewegung gerichtet.

➤ Wenn Sie die Sichtzeichen auch nach dem Abbau der Häppchen kontinuierlich weiterverwenden, wird Ihr Hund rasch darauf reagieren, und Sie können das verbale Kommando weglassen.

1 »Platz« – der Start

Beginnen Sie aus dem Sitzen, halten Sie ein schmackhaftes Häppchen dem hungrigen Hund direkt vor die Nase und fahren Sie fort, wie im Text unten beschrieben. Das Foto zeigt einen häufigen Fehler: Führen Sie nämlich das Leckerchen vom Hund weg nach vorn, steht der Hund garantiert auf und geht zum Leckerchen.

2 »Platz« – das Ziel

Führen Sie das Häppchen nun am Boden entlang langsam nach vorn. Um daran zu gelangen, wird der Hund ihm folgen. Sobald der Vierbeiner liegt, bekommt er sein Häppchen. Nennen Sie gleichzeitig das Hörzeichen, beispielsweise »Plaaatz«. Aber geben Sie dem Hund nur dann etwas, wenn er korrekt liegt.

Übung »Platz«

Ziel: Der Hund soll sich auf einmaliges Kommando ins Platz legen.

Hörzeichen: »Plaaatz«.

Sichtzeichen: Von oben nach unten gerichtete Handbewegung.

Hilfsmittel: Leine, Leckerchen.

1. Schritt: Beginnen Sie mit dem Platz, sobald der Hund das Sitz beherrscht. Setzen Sie den angeleinten Hund an Ihre Seite und gehen Sie in die Hocke. Halten Sie ein Häppchen direkt vor die Nase Ihres Schülers. Führen Sie es nun gerade oder nah zum Hund nach unten zum Boden und dann langsam nach vorn. Während der Vierbeiner nun das Häppchen verspeist, streichen Sie ihm ruhig und mit leichtem Druck über den ganzen Rücken. Wiederholen Sie dabei das Hörzeichen ein paar Mal, damit der Hund das, was er tut, mit dem verknüpft, was er hört. Nach wenigen Sekunden, bevor der Hund selbst aufsteht, locken Sie ihn mit einem weiteren Häppchen oder einer animierenden Körperbewegung, z.B. einem Hopser, ins Sitz.

2. Schritt: Sobald der Hund das Platz begriffen hat, bauen Sie die Streicheleinheiten während des Liegens allmählich ab und bleiben aufrecht stehen. Der Hund bekommt nun nicht mehr jedes Mal sofort ein Leckerchen, sondern erst, wenn er nach und nach immer länger an Ihrer Seite liegen bleibt. Und auch dafür gibt's mit der Zeit nur noch gelegentlich was zum Naschen.

Bevor Sie Ihren Schüler aus dieser Übung entlassen, sollten Sie ihn zuerst immer wieder kurz sitzen lassen.

Übung »Bleib«

Ziel: Der Hund soll lernen, allein längere Zeit im Sitz und im Platz an einer bestimmten Stelle zu bleiben.

Hörzeichen: »Bleib«.

Sichtzeichen: Die kurz vor das Gesicht des Hundes gehaltene Hand, bevor man sich von ihm entfernt.

Hilfsmittel: Leine.

1. Schritt: Der Hund sitzt angeleint an Ihrer Seite oder liegt im Platz. Sagen Sie jetzt »Bleib« und halten Sie ihm die flache Hand kurz vor sein Gesicht. Nun gehen Sie an lockerer Leine nur zwei, drei Schritte nach vorn. Bleiben Sie ganz kurz und aufrecht dem Hund gegenüber stehen. Gehen Sie nun zu ihm zurück in die Ausgangsposition. Loben Sie ihn jetzt. Haben Sie das Bleiben im Platz geübt, bleibt der Hund auch nach Ihrer Rückkehr so lange im Platz, bis Sie ihn wieder sitzen lassen.

2. Schritt: Allmählich vergrößern Sie die Distanz zum Hund und bleiben länger weg, behalten aber die beschriebene Übungssituation bei. Verlängern Sie dazu die Leine. Bleibt der Hund auch längere Zeit entspannt sitzen oder liegen, beginnen Sie damit, an der durchhängenden Leine langsam vor dem Hund hin und her zu gehen. Klappt auch das, legen Sie die Leine in einer Geraden vom Hund weg auf den Boden. Gehen Sie mit der Zeit noch etwas weiter weg und länger vor dem Hund auf und ab. Sollte der Hund aufstehen, treten Sie rasch auf die Leine.

3. Schritt: Nun können Sie damit beginnen, um den Hund herumzugehen. Mit der Zeit in immer größeren Kreisen. Noch eine Stufe schwieriger wird es, wenn Sie bei Ihrem Kreis z. B. an einem Busch vorbeikommen. So kann Sie der Hund für kurze Zeit nicht sehen. Klappt die Übung trotzdem, bleiben Sie unterwegs etwa eine halbe

> *Mit dem entsprechenden Training lernt der Hund, auch in ablenkungsreichen Situationen die Übung »Bleib« zu befolgen.*

Minute hinter dem Busch stehen und gehen dann Ihren Kreis weiter.

Bitte beachten: Ihr Vierbeiner sollte für diese Übung etwa dreieinhalb bis vier Monate alt sein und bereits einige Minuten ruhig im Sitz und im Platz an Ihrer Seite bleiben können.

➤ Üben Sie anfangs, wenn der Hund bereits ausgetobt und etwas müde ist.

➤ Achten Sie beim »Bleib« auf einen ruhigen Tonfall.

➤ Macht der Hund seine Übung richtig, sagen Sie nichts mehr zu ihm, während Sie weg sind. Korrigieren Sie ihn aber, falls er auch nur wenige Zentimeter »robbt«.

➤ Macht der Hund Anstalten aufzustehen, nie seinen Namen nennen! Sonst steht er garantiert ganz auf. Wiederholen Sie in diesem Fall nur das Hörzeichen.

➤ Denken Sie daran, dass der Hund aus dem Platz nie gerufen, sondern immer geholt wird. So lernt der Vierbeiner entspannt liegen zu bleiben, bis er abgeholt wird – ganz gleich, was er hört.

➤ Mit der Zeit soll er lernen, auch länger außer Sicht im Platz liegen zu bleiben.

»Sitz und Bleib«

Beginn dieser Übung ist die Grundstellung. Der Hund sollte schön parallel zu Ihnen sitzen, damit das Bleib wirklich anders ist als die Ausgangsposition.

Die einfachere Form

Entfernen Sie sich anfangs nur eine geringe Distanz und kurze Zeit vom Hund. Wenn er sich daran gewöhnt hat, vergrößern Sie allmählich Zeit und Entfernung. Achten Sie darauf, dass die Leine immer locker bleibt.

Schon schwieriger

Nun lernt der Hund, auch dann zu bleiben, wenn Sie vor ihm langsam hin und her gehen. Mit der Zeit steigern Sie allmählich Entfernung und Dauer. Auch jetzt immer wieder auf die lockere Leine achten.

Das Umkreisen

Beginnen Sie jetzt damit, den Hund zu umkreisen, zuerst mit kleineren Kreisen und nicht zu lang. Dehnen Sie allmählich das Umkreisen aus. Üben Sie mit zunehmendem Können an verschiedenen Orten.

Übung macht den Meister

Bei den folgenden Übungen erreichen Sie nur mit konsequentem und sorgfältigem Training ein optimales Ergebnis. Dafür brauchen Sie viel Ausdauer und Durchhaltevermögen.

Mit positiver Motivation lernt der Welpe spielerisch bei Fuß zu gehen.

Die Leinenführigkeit

Bei dieser Übung soll der Hund einfach an lockerer Leine mit Ihnen gehen. Damit er dies lernt, darf er niemals erfolgreich zerren. Lassen Sie sich nie irgendwohin ziehen!
Ziel: Der Hund geht an lockerer Leine mit.
Hörzeichen: »Laangsam«.
Hilfsmittel: Leine.
1. Möglichkeit: Sobald die Leine gespannt ist, bleiben Sie kommentarlos stehen. Erst wenn sich der Hund Ihnen zuwendet und die Leine locker ist, gehen Sie weiter und sagen das Hörzeichen. Ist die Leine erneut straff, bleiben Sie wieder stehen. Auch wenn Sie nur drei Schritte gegangen sind.
2. Möglichkeit (für Hunde ab etwa fünf Monaten): Wünschen Sie's lieber aktiver, kehren Sie in dem Moment, in dem die Leine gespannt ist, abrupt um und gehen flott in die andere Richtung. Sobald die Leine locker ist, schlagen Sie wieder die ursprüngliche Richtung ein. Wird sie abermals straff, folgt das gleiche Spielchen erneut.

Gehen »Bei Fuß«

Ziel: Der Hund läuft an Ihrer Seite, in etwa mit dem Kopf an Ihrem Bein.
Hörzeichen: »Fuuß«.
Hilfsmittel: Leine, Leckerchen.
1. Schritt: Suchen Sie sich die Seite aus, auf der Sie den Hund bei Fuß führen möchten. Ob rechts oder links, bleibt Ihnen überlassen. Es muss jedoch immer ein und dieselbe Seite bleiben.
2. Schritt: Lassen Sie den Hund an Ihrer Seite sitzen. Nehmen Sie, falls Sie ihn z. B. links führen, ein kleines Leckerchen in die linke Hand. Die Leine halten Sie in der rechten Hand. Und zwar so, dass sie ein wenig durchhängt. Machen Sie den Hund auf das Leckerchen aufmerksam und lassen Sie die linke Hand am Oberschenkel. Falls der Vierbeiner das Sitzen noch nicht beherrscht, kann er dabei anfangs auch stehen bleiben.
3. Schritt: Konzentriert sich der Hund auf den Happen, gehen Sie zügig los. Der Vierbeiner knabbert und leckt während des Gehens daran. Behalten Sie ihn aber in der Hand. Läuft der Hund mit und lässt sich nicht ablenken, nennen Sie das Hörzeichen

einige Male. Gehen Sie, vor allem mit dem Welpen, anfangs nur wenige Meter. Dann bekommt der Hund sein Häppchen. Sobald er »Sitz« kann, lassen Sie ihn kurz sitzen, bevor er den Leckerbissen bekommt. Mit der Zeit dehnen Sie die Strecke aus und bauen Schlangenlinien und Kreise ein.

Bitte beachten: Lässt sich der Hund auch »ausgehungert« nicht mit Futter motivieren, versuchen Sie es mit einem beliebten Spielzeug. Klappt auch das nicht, gewöhnen Sie den Hund an ein Kopfhalter (nicht beim Welpen). Auch der abrupte Richtungswechsel (→ Leinenführigkeit, Seite 40) ist eine weitere Trainingsvariante. Beachten Sie dabei, dass Sie jedes Mal sofort dann umkehren, wenn der Hund vorausläuft. Ein leichterer Vorwärtsdrang des Hundes lässt sich auch beeinflussen, indem Sie kleine Kreise gehen; läuft der Hund dabei innen, können Sie ihn abdrängen, und er bleibt zurück.

Das Auflösungshörzeichen

Möchten Sie das Üben beenden oder den Hund von der Leine lassen, geben Sie ihm

> *Nach dem Ableinen wartet der Hund auf das Auflösungshörzeichen.*

das durch ein bestimmtes Hörzeichen wie »Jetzt lauf« zu verstehen, anfangs verbunden mit einer bewegungsreichen Geste.

Beispiel: Ihr Hund geht an der Leine. Nun darf er frei laufen. Lassen Sie ihn sitzen und leinen Sie ihn ab. Er muss nun so lange sitzen bleiben, bis Sie ihn durch Ihr Hörzeichen »entlassen«. Halten Sie ihn anfangs noch am Halsband fest, damit er nicht zu früh startet.

CHECKLISTE

Das Kopfhalter

Das Halti setzt man beispielsweise ein bei:

✔ notorischem Zerren

✔ zu wenig Aufmerksamkeit

✔ Aggressivität an der Leine.

So wirkt es:

✔ Richtet Blickkontakt auf Besitzer.

✔ Simuliert den Schnauzgriff.

So gewöhnen Sie den Hund daran:

✔ Legen Sie es ihm zum Füttern und Spielen an.

✔ Führen Sie ihn erst daran, wenn er es toleriert.

41

Weitere Grundübungen

Auch die folgenden Übungen sind für den Alltag mit dem Hund wichtig.

Das Auslassen

Zu seinem eigenen Schutz, aber auch aus Gründen der Unterordnung sollte sich Ihr Liebling auf Ihr Kommando

> *Mittels Schnauzgriff lässt sich der Hund auch sein Spielzeug abnehmen.*

hin alles wegnehmen lassen. Das muss er von klein auf lernen. Wie Sie dabei vorgehen, hängt von der Situation und von der Persönlichkeit des

Hundes ab. Bleiben Sie dabei immer ruhig und sicher. Als Hörzeichen eignet sich »Aus«. Hier ein paar Beispiele:

Apportierspiele: Angenommen, Sie werfen einen Ball. Der Hund bringt ihn, will ihn aber nicht hergeben. Wenn Sie jetzt dem Hund einen zweiten Ball anbieten, wird er den anderen fallen lassen.

Zerrspiele: Am Schluss des Spiels sollten meistens Sie der Sieger sein. Lässt der Hund nicht los, wenden Sie den Schnauzgriff an und drücken dabei zusätzlich gegen die oberen Fangzähne. Lässt der Hund daraufhin los, loben Sie ihn und geben ihm ein Leckerchen.

Futter, Kauknochen usw.: Nehmen Sie dem Welpen ab und zu seine Futterschüssel kurz weg, während er frisst. Hat er einen Kauknochen oder Ähnliches, nehmen Sie ihm auch diesen ab und zu ab. Wenn nötig, mit dem Schnauzgriff. Geben Sie ihm dafür eine Belohnung, anschließend wieder seinen Kauknochen. Lassen Sie sich nicht beeindrucken, falls der Kleine knurrt. Verteidigt Ihr erwachsener Hund knurrend, sollten Sie sich baldmöglichst an einen kompetenten Verhaltensberater wenden.

Unrat: Hat Ihr Hund Unrat aufgenommen, nähern Sie sich ihm entspannt, gehen

---

TIPP

Auf exakte Übungsausführung achten

Damit der Hund bei den Übungen auf Sie achtet und nicht dorthin schaut, wohin er möchte, sollte er seine Übungen exakt ausführen. Also zum Beispiel:

➤ schön parallel und nicht schief neben Ihnen sitzen.

➤ im Bleib an der ursprünglichen Stelle bleiben und nicht robben.

➤ beim Rufen gerade vorsitzen.

Je konsequenter Sie dabei sind, desto schneller wird der Hund dies akzeptieren.

> *Zu frühes Alleinlassen kann später zu Problemen führen, wenn der Hund dabei vor etwas Angst hat (z.B. Tiefflieger, Knall).*

aber nicht direkt auf ihn zu. Wenden Sie sich ihm erst unmittelbar in seiner Nähe zu. Nehmen Sie ihm den Unrat, etwa eine verweste Maus, mittels Schnauzgriff oder im Austausch gegen ein Häppchen oder Spielzeug ab.

Das Alleinbleiben

Hierfür ist es ratsam, weder ums Weggehen noch ums Zurückkommen viel Aufhebens zu machen. Gehen Sie nie zum Hund zurück, während er winselt oder bellt.
1. Schritt: Der Welpe lernt, innerhalb der Wohnung eine gewisse Distanz zu ertragen, beispielsweise wenn er müde ist, auf seiner Decke und nicht zu Ihren Füßen zu schlummern. Tut er das nicht von sich aus, gewöhnen Sie ihn an eine Box (→ Seite 31).
2. Schritt: Ab einem Alter von etwa vier Monaten gehen Sie immer wieder mal für ein paar Minuten aus dem Haus. Am besten dann, wenn der Hund ein wenig müde ist. Dehnen Sie die Zeit immer weiter aus. Mit einem halben Jahr kann der Hund dann durchaus schon zwei, drei Stunden allein bleiben. Später, falls notwendig, auch mal bis zu sechs Stunden.

CHECKLISTE

Erziehungskurs

Diese Merkmale sind wichtig:

✔ Eine Gruppe umfasst höchstens sechs bis acht Teams mit ähnlichem Leistungsstand.

✔ Neben praktischen Übungen wird viel Theorie vermittelt.

✔ Der Kursleiter arbeitet auf der Grundlage der modernen Hundeerziehung (→ Seite 14/15).

✔ Es sind weder Stachel- noch Kettenhalsbänder Pflicht.

✔ Der Kursleiter kennt die spezifischen Eigenschaften vieler Rassen und berücksichtigt diese auch.

43

Fragen rund um die Grunderziehung

? Soll ich den Hund schimpfen, wenn er zur Begrüßung einige Tropfen Urin verliert?

Nein, denn dieses Urinieren ist ein Unterwürfigkeitsverhalten. Ignorieren Sie es einfach, dann gibt es sich meist nach einigen Wochen.

? Soll sich im Futternapf ständig Futter befinden?

Nein, denn in der Natur steht auch nirgends ein stets gefüllter Napf. Füttern Sie als »Chef« Ihren gesunden Hund zu festen Zeiten. Was er nicht innerhalb von etwa zehn Minuten frisst, nehmen Sie weg. Bei der nächsten Mahl-

zeit hat Ihr Hund dann sicher schon wieder Hunger. Kümmern Sie sich beim Füttern zu sehr um den Hund, erziehen Sie sich einen heiklen Fresser, der lernt, dass er durch mäkeliges Verhalten viel Zuwendung bekommt.

? Wie lange darf ein Welpe spazieren gehen?

Bis zur 16. Woche darf er etwa 3- bis 4-mal täglich bis zu 20 Minuten gehen. Ganz junge Welpen weniger. Bis zum Alter von einem halben Jahr darf er etwa eine halbe Stunde am Stück, mit einem Jahr etwa eine Stunde laufen. Große Rassen sind anfälliger für Bänder- und Gelenkprob-

leme als kleinere. Sorgen Sie aber dafür, dass der junge Hund viel mit Ihnen und mit Artgenossen spielt, denn diese abwechslungsreichen Bewegungsabläufe trainieren Muskulatur und Organe. Achten Sie darauf, dass die Spielpartner in Größe und Gewicht zu Ihrem Vierbeiner passen.

? Warum entfernen sich Welpen nur ungern vom Haus?

Welpen bauen zuerst eine Ortsbindung auf. Das Haus ist sozusagen der »Bau«, in dem man bei Gefahr schnell Schutz suchen kann. Je jünger der Hund, desto stärker ist dieses Verhalten ausgeprägt.

? Kann ich meinen Hund auch draußen halten?

Eine Haltung im Garten oder Zwinger, isoliert von seinen Menschen, ist für den Hund als Rudeltier artwidrig. Da der Hund nichts vom Leben der Familie mitbekommt,

Passive Einwirkung: Der Hund kommt nur durchs Hinlegen an sein Häppchen.

kann er auch keine Bindung aufbauen. Ohne Bindung ist jedoch eine Erziehung, wie in diesem Buch beschrieben, nicht möglich. Eine derart kontaktarme Haltung kann vielerlei Probleme bis hin zur Aggressivität verursachen.

? Sind Flexileine und Geschirre sinnvoll?

Beides ist nicht sinnvoll. Mit der Flexileine lernt der Hund nicht, darauf zu achten, wo Sie sind. Außerdem lernt er, dass er durch Ziehen dahin kommt, wohin er möchte. Im Geschirr kann der Hund ebenfalls seine ganze Kraft nach vorn optimal einsetzen. Ungünstig ist auch, dass die Leine in Rückenhöhe sitzt und im Gegensatz zum Halsband immer an ein und derselben Stelle. Dadurch ist der Hund weniger leicht zu lenken und zu beeinflussen.

? Reicht es nicht völlig aus, dem Hund beizubringen, dass er draußen auf Ruf kommt?

Wenn ein Hund sonst nicht gehorchen muss oder nur so ein bisschen – wenn es z. B. egal ist, ob er sich bei »Platz« setzt oder legt, beim »Bleib« aufsteht oder robbt –, warum sollte er ausgerechnet dann gehorchen, wenn gerade etwas höchst Interessantes auftaucht? Nur wenn der Hund systematisch erzogen wird, die Rangordnung stimmt und er alle seine Aufgaben exakt ausführen muss, ist ein Gehorsam auch in schwierigeren Situationen erreichbar.

? Mein Hund macht nicht Platz. Was kann ich tun?

In diesem Fall kann eine passive Einwirkung hilfreich sein. Das heißt, mit Ihrem Hund so zu trainieren, dass er gar nicht anders kann, als sich ins Platz zu legen, um das Leckerchen zu kommen. Führen Sie z. B. das Leckerchen vor seiner Schnauze unter einem Stuhl, niedrigen Tischchen oder unter Ihrem aufgestellten Bein durch (→ Foto links).

? Bekommt der Hund die Belohnungshäppchen zusätzlich zum Futter?

Nein. Damit der Hund genügend Hunger beim Üben hat und nicht zu dick wird, ist es notwendig, die reguläre Futtermenge entsprechend zu kürzen oder auch mal eine Mahlzeit zu streichen.

Katharina Schlegl-Kofler

MEINE TIPPS FÜR SIE

Lange Leine sinnvoll einsetzen

Die etwa fünf Meter lange Leine ist sinnvoll, wenn der Hund auf Ruf nicht oder nicht nah genug kommt oder wenn er zu weit von Ihnen wegläuft.

➤ Der Hund zieht die Leine am Boden nach, oder Sie halten die Schlaufe in der Hand. Die Leine muss locker sein.

➤ Jüngere Hunde: Nach dem Ruf treten Sie auf die Leine bzw. bleiben stehen und halten die Leine fest. Wird sie straff, erhält der Hund einen Ruck.

➤ »Halbstarke« und ältere Hunde: Behalten Sie die Endschlaufe in der Hand und gehen Sie los. Sobald sich Ihr Hund entfernt, bewegen Sie sich zügig in die entgegengesetzte Richtung.

➤ Sobald der Hund an Ihrer Seite ist, loben Sie ihn.

➤ Wenden Sie diese Leine so lange an, bis der Hund ohne Einwirkung der Leine gehorcht.

Erziehungs-programm für den Alltag

Begegnungen mit Menschen

Ziel Ihrer Erziehungsbemühungen ist ein Hund, der in allen möglichen Alltagssituationen gehorcht. Deshalb ist es sinnvoll, die Übungen, die Sie und Ihr Hund zuerst ohne Ablenkung und vielleicht im Rahmen eines Erziehungskurses trainiert haben, zunehmend in den Alltag einzubauen. Welches Verhalten in den einzelnen Situationen empfehlenswert ist, erfahren Sie im Folgenden.

TIPP

Hund und Auto

Das Ein- und Aussteigen beim Auto will gelernt sein.

➤ Vor dem Einsteigen den Hund sitzen lassen.

➤ Erst auf ein Hörzeichen, etwa »Hopp«, darf er einsteigen.

➤ Vor dem Aussteigen den Hund »Bleib« machen lassen.

➤ Auch bei geöffneter Tür wartet der Hund, bis Sie ihn aussteigen lassen.

Jogger, Radfahrer & Co.

Die meisten Hunde rennen gern allem hinterher, was sich bewegt. Um Probleme, die dadurch entstehen, zu vermeiden, beginnen Sie am besten bereits beim Welpen mit der Umlenkung dieses Verhaltens. Aber auch beim älteren Hund können Sie, wie folgt, vorgehen.

Sobald ein Jogger, Skater etc. auftaucht, rufen Sie Ihren Hund mit Spannung in der Stimme zu sich. Rufen Sie ihn rechtzeitig, d. h., der Jogger darf noch nicht so nah sein, dass Ihr Hund nicht mehr zu halten ist. Lassen Sie den Hund dann bei sich sitzen, und lenken Sie seine Aufmerksamkeit mittels Leckerchen oder Spielzeug auf sich. Wichtig ist dabei, dass der Hund sich wirklich auf Sie konzentriert und nicht etwa an Halsband oder Leine zerrend zwar bei Ihnen ist, aber dennoch den Jogger fixiert. Ist die »Beute« weg, bekommt der Vierbeiner sein Häppchen und darf wieder laufen. Ein Spielzeug werfen Sie dem Hund in die zur »Beute« ent-

gegengesetzte Richtung. Falls der Hund nicht zuverlässig kommt, wenden Sie die lange Leine an (→ Seite 45). Lässt sich der Hund nicht ablenken, kommt das Kopfhalfter zum Einsatz (→ Seite 41).

Gewöhnungsausflüge: Um unvorhergesehene Situationen zu »entschärfen«, ist es günstig, den Hund gezielt mit

> *Der Hund konzentriert sich auf Sie, während der Jogger vorbeiläuft.*

sich rasch bewegenden Objekten vertraut zu machen. Bei diesen »Gewöhnungsausflügen« sollte er immer angeleint sein, damit Sie ihn stets kontrollieren können.

➤ Besuchen Sie mit Ihrem Hund z. B. regelmäßig einen Skaterpark oder eine Halfpipe und machen Sie dort auch einige Gehorsamsübungen.

➤ Gehen Sie auf einem Weg spazieren, auf dem man vielen Joggern, Radfahrern oder Reitern begegnet. Lenken Sie den Hund auch dort wie oben beschrieben mit Leckerchen ab. Aber achten Sie darauf, dass er hungrig ist.

Andere Spaziergänger

Nicht jeder möchte etwas mit Hunden zu tun haben. Viele Menschen, vor allem Kinder, haben Angst vor ihnen. Das sollten Sie respektieren und Rücksicht darauf nehmen. Hat jemand Angst vor Ihrem Hund, rufen Sie den Hund zu sich und führen ihn bei Fuß an den Passanten vorbei. Auch wenn er nichts tut. Treffen Sie unterwegs jemanden, mit dem Sie sich unterhalten wollen, lassen Sie Ihren Hund währenddessen neben sich sitzen oder im Platz liegen. In

> *Vorbildlich erzogene Vierbeiner: Während sich ihre Frauchen angeregt unterhalten, bleiben sie ruhig daneben sitzen.*

der Nähe von Kindergärten, Schulen, Spielplätzen usw. sollte der Hund grundsätzlich angeleint werden.

Unter vielen Menschen

Jeder Hund, der in die Öffentlichkeit mitgenommen wird, sollte sich in dichteren Menschenmengen gelassen und sicher verhalten. Es lässt sich nicht immer vermeiden, dass jemand unerwartet den Hund anfasst oder er unbeabsichtigt geschubst wird. Der Hund darf sich dadurch nicht bedroht fühlen und womöglich schnappen. Die Sozialisierungsphase (→ Seite 12/13) ist die wichtigste Zeit, um den Hund in verschiedenen Situationen an Menschen zu gewöhnen. Gehorsamsübungen, die er schon kann, sollten mit der Zeit in frequentiertere Gegenden verlagert werden. Zuerst könnten Sie z. B. vor einem kleineren Geschäft üben, wenn nicht so viel los ist. Später dann etwa auf dem Parkplatz eines Supermarktes. Schließlich verlegt man das Training in die Fußgängerzone oder in ein Kaufhaus. So gewöhnt sich der Hund schrittweise daran, auch unter großer Ablenkung zu gehorchen.

Rg 4 9506 GU Hunde Erziehung

Hundebegegnungen

So wie der Hund regelmäßig Kontakt zu Artgenossen haben soll, muss er auch lernen, angeleint andere Hunde zu ignorieren. Um dies zu erreichen, sollten Sie ihm von Anfang an an der Leine keinen Kontakt zu anderen Hunden gestatten. Ist er nämlich gewohnt, jeden Hund zu beschnuppern, wird er Sie beim Einkaufsbummel gegebenenfalls auch quer durch die Fuß-gängerzone zerren, wenn er auf der anderen Seite einen Artgenossen erblickt hat. Außerdem kann es unter angeleinten Hunden leicht zu Raufereien kommen, weil sie sich eingeengt oder besonders stark fühlen.

Treffen Sie dagegen auf einen Hund, mit dem der Ihre spielen darf, sollte dies ohne Leine geschehen. Wenn sich nämlich die Halsbänder und Leinen verheddern, können die Hunde in Panik geraten. Mein Tipp: Leinen Sie Ihren Hund aber nicht ab, wenn er winselnd an der Leine zerrt. Besser ist es, ihn erst sitzen und auf Kommando starten zu lassen (→ Seite 41).

Kennen lernen

Wollen zwei Hunde sich kennen lernen, geschieht das am besten ohne Leine. Da kann jeder aus, und kein Hund fühlt sich von seinem Besitzer gestärkt. Wichtig ist, dass die Hunde rechtzeitig abgeleint werden. Nicht etwa erst dann, wenn sie sich an der Leine bereits in Rage geknurrt haben.

➤ Sollten sich die Vierbeiner nicht besonders sympathisch sein, geht häufig jeder von sich aus wieder seines Weges.

➤ Sind sie sich nicht ganz im Klaren, ob sie weitergehen oder doch lieber raufen sollten, gehen die Besitzer am besten ohne Hektik und Nervosität rasch in entgegengesetzte Richtungen weiter und rufen ihre Hunde.

➤ Besonders ungünstig ist die Situation, wenn einer der

> *Jeder Hund sollte lernen, sowohl Artgenossen als auch Menschen zu ignorieren, wenn er an der Leine geht.*

> *Ohne Leine verlaufen die meisten Hundebegegnungen friedlich. Diese beiden toben ausgelassen miteinander.*

Hunde angeleint ist und der andere frei läuft. In einem solchen Fall sollten Sie den eigenen Hund ebenfalls an- oder ableinen.

Auseinandersetzungen

Kommt es, was jedoch eher selten ist, zu einer ernsthaften Keilerei, heißt es Ruhe bewahren. Hektisches Schreien oder gar Schlagen der Hunde verschlimmern das Ganze noch. Fassen Sie nicht in das kämpfende Knäuel. Die Hunde achten nämlich nicht darauf, wohin sie beißen! Falls vorhanden, hilft ein scharfer Wasserstrahl aus einem Schlauch, um die Vierbeiner zu trennen. Andernfalls sollten die Besitzer versuchen, die Hunde gleichzeitig an beiden Hinterbeinen zu fassen und so zu trennen.

Den Kampf voraussehen:
Wenn Sie Ihren Hund genau beobachten, werden Sie bald erkennen, ob er in aggressiver Stimmung ist.

➤ Imponieren: Der Hund versucht, durch Sträuben der Rückenhaare und Durchstrecken der Gelenke größer zu wirken. Gleichzeitig stellt er den Schwanz auf und richtet seine aufgestellten Ohren nach vorn.

➤ Angriffsdrohen: Zusätzlich zu den unter Imponieren genannten Verhaltensweisen bleckt der Hund die Zähne und zieht die Ohren nach hinten. Der Schwanz zeigt noch stärker nach oben.

Übungsspaziergänge

Viele Hundebesitzer verabreden sich des öfteren zu gemeinsamen Spaziergängen

oder treffen sich zufällig. Bei diesen Gelegenheiten könnte man leicht ein paar gemeinsame Übungseinheiten einplanen. Üben Sie zum Beispiel, bevor die Hunde spielen dürfen, aber auch zwischendurch. So lernt Ihr Vierbeiner, dass Artgenossen nicht immer nur Spiel bedeuten, sondern dass er in Gegenwart anderer Hunde auch gehorchen muss.

TIPP

Bei Begegnungen beachten

➤ Der Hund soll lernen, Vögel und andere Tiere sowie Jogger, Radfahrer & Co. zu ignorieren.

➤ Lenken Sie ihn am besten schon ab, bevor er etwas davon wahrgenommen hat bzw. solange er noch weit genug davon entfernt ist.

➤ Machen Sie Ihren Hund keinesfalls darauf aufmerksam, was des Weges kommt oder in der Nähe ist. Andernfalls konzentriert sich Ihr Vierbeiner erst recht darauf.

➤ Zur Sicherheit und aus Rücksicht auf andere sollten Sie Ihren Hund in belebten Gebieten immer an der Leine führen.

Das Jagen verhindern

Jeder Hund hat einen je nach Rasse mehr oder weniger stark ausgeprägten Jagdinstinkt. Auch wenn es der Natur des Hundes entspricht, darf er nichts jagen. Denn er kann vom Förster dafür erschossen werden oder andere gefährden. Zudem wird das

> Dieser Hund hat etwas gewittert. Nun heißt es ihn rasch zu rufen.

Wild unnötig in Panik versetzt. In Naturschutzgebieten und in wildreichen Gegenden sollte man den Hund grundsätzlich an der Leine führen.

Lust auf Jagen

Jagen ist eine selbstbelohnende Handlung. Das heißt, es bereitet dem Hund Lust, auch wenn er nichts erwischt. Hat er aber einmal Beute gemacht, wird das Jagen noch interessanter für ihn. Aus diesen Gründen ist es äußerst wichtig, hier von klein an vorzubeugen. Auch wenn es noch so drollig aussieht und er sowieso nichts erwischt, sollten Sie bereits beim Welpen verhindern, nach Mäusen zu buddeln oder Vögel zu scheuchen.

Für den älteren Hund gilt das Gleiche. Kommen Sie in eine solche Situation, lenken Sie den Hund sofort ab, indem Sie ihn mit spannender Stimme und viel »Action« zu sich rufen und gleichzeitig in die entgegengesetzte Richtung weglaufen. Bei Ihnen angekommen, loben Sie den Hund, lassen ihn sitzen und leinen ihn an. Arbeiten Sie auch hier mit der langen Leine, falls Ihr Hund sich nicht anders ablenken lässt (→ Seite 45). Damit der Hund in solchen Situationen gehorcht, ist neben Ihrer richtigen Reaktion wichtig, dass der Gehorsam des Hundes insgesamt ständig trainiert wird.

Jagdverhalten erkennen

Hat der Hund Wild »in der Nase« oder gehört bzw.

TIPP

Wenn Jagen zum Problem wird

Hat Ihr Hund schon mehrfach Tiere erbeutet, haben Sie ein ernstes Problem. Mein Rat: Wenden Sie sich baldmöglichst an einen Experten, der mit allen Methoden des Verhaltensabbruchs der modernen Hundeerziehung vertraut ist. Wenn all diese Methoden trotz konsequenter Anwendung keinen Erfolg haben, besteht noch die Möglichkeit, ein Teletakt-Gerät einzusetzen (jedoch nur unter Anleitung eines solchen Experten). Dies ist aber die einzige Situation, wo ich dessen Einsatz für sinnvoll und vertretbar erachte.

> *Hin und wieder ein Training unter »tierischer« Ablenkung ist hilfreich, damit Ihr Vierbeiner später in entsprechenden Situationen zuverlässig gehorcht.*

gesehen, zeigt er das durch bestimmte Verhaltensweisen. Er schnüffelt konzentriert am Boden oder steht wie erstarrt da und hält die Nase in die Luft. Nur in diesen ersten Phasen einer Jagd kann es Ihnen gelingen, den Hund abzulenken. Ist er erst mal in vollem Lauf, sind die Chancen, ihn zu stoppen, gering. Achten Sie beim Spaziergang auf diese Zeichen, besonders wenn Sie einen Vertreter einer Jagdhunderasse besitzen, und rufen Sie ihn rechtzeitig zurück.

Kontrolliert üben: Wenn Sie jemanden kennen, bei dem Enten, Hühner, Hasen usw. frei herumlaufen, fragen Sie doch mal nach, ob Sie mit dem angeleinten Hund dort über einen längeren Zeitraum immer wieder einmal üben dürfen. Dadurch lernt der Hund am besten, laufende Tiere und ihren Geruch zu ignorieren. Arbeiten Sie, wenn nötig, bei den Gehorsamsübungen mit Leckerchen zur besseren Ablenkung oder gegebenenfalls mit dem Kopfhalfter (→ Seite 41).

Jagdverhalten umlenken

Damit der Hund seinen Jagdinstinkt zu einem gewissen Grad kontrolliert »abarbeiten« kann, bieten Sie ihm eine Ersatzbeschäftigung an.

Apportierspiele: Der Hund bringt eine geworfene Beute, etwa einen Wurfring, wieder zurück.

Suchaufgaben: Der Hund muss einen Gegenstand suchen, den Sie, ohne dass er zusehen konnte, versteckten.

Fährtenarbeit: Der Hund lernt eine vom Menschen gelegte Duftspur zu verfolgen.

In der Stadt

Hunde, die in einer Stadt leben, werden mit vielerlei Situationen konfrontiert. Haben Sie den Hund systematisch daran gewöhnt (→ Checkliste) und befolgt er die Grundkommandos, wird er damit keine Probleme haben. Beispiele dafür sind:
➤ Sitz an jeder Bordsteinkante oder an roten Ampeln.
➤ Platz, während Sie auf den Bus etc. warten.

> *Der sorgfältig ausgebildete Hund bleibt auch unter Ablenkung ruhig liegen.*

➤ Bei Fuß gehen in der Menschenmenge.

Öffentliche Verkehrsmittel

Stadthunde müssen häufig mit Zug, Bus oder U-Bahn fahren. Nehmen Sie bereits den Welpen mit zum Bahnhof, damit er die Zuggeräusche kennen lernt. Sobald er davon unbeeindruckt ist, fahren Sie mit dem Hund zuerst nur kurze Strecken, mit der Zeit dann auch längere. Während der Fahrt sollte der Hund ruhig bei Ihnen sitzen oder im Platz liegen. An der Haltestelle oder am Bahnsteig sollte er ebenfalls ruhig mit Ihnen warten.

Im Café oder Restaurant

Auch dorthin kann ein gut erzogener Hund seinen Menschen begleiten. Lassen Sie ihn aber vorher gründlich toben und auslaufen, damit er etwas müde ist. Dann hat er sich meist gelöst, und es fällt ihm leichter, längere Zeit ruhig unter dem Tisch liegen zu bleiben. Nehmen Sie seine Decke mit, und lassen Sie ihn angeleint. Wenn er winselt

CHECKLISTE

Trainingsprogramm für den Alltag

Mit dem Welpen zur Gewöhnung:
✔ Darauf achten, dass der Welpe hungrig ist, also eine Mahlzeit ausfallen lassen.

✔ Vor einem Stadtgang dem Welpen Gelegenheit zum Lösen geben.

✔ Belohnungshäppchen und Tüten für etwaige Häufchen einpacken.

✔ Sich keine sonstigen Erledigungen vornehmen.

✔ Kurze Fahrt mit Bus usw. einplanen.

✔ Hat der Welpe vor etwas Angst, entspannt mit ihm so lange in dieser Situation bleiben, bis er sich beruhigt hat. Dann Leckerchen geben. Nicht »trösten«, solange er Angst zeigt!

Mit dem Junghund zum Üben:
✔ Übungen vorher ohne Ablenkung trainieren.

✔ Vor einem Stadtgang Hund auf einem Spaziergang etwas austoben lassen.

✔ Punkte 2 bis 5 wie oben.

✔ Sich anfangs einen etwas ruhigeren Bereich zum Üben aussuchen.

✔ Mit zunehmendem Können auch in frequentierteren Bereichen üben.

▷ 1 An der Haltestelle

Ein wohlerzogener Hund wartet an der Haltestelle ruhig neben seinem Frauchen auf die
Straßenbahn. Erst auf ein Signal von Frauchen
steigt er mit ihr ein. Erste Ausflüge dieser Art
machen Sie am besten, wenn nicht viel los ist.
So kann sich der Hund allmählich an solche
Situationen gewöhnen.

▷ 2 In der Straßenbahn

Auch die erste Fahrt sollte nicht gerade zur
Rushhour stattfinden. Lassen Sie Ihren Hund
während der (anfangs nicht zu langen) Fahrt
dicht bei Ihnen sitzen oder liegen. Hunde, die
ihre Besitzer überallhin begleiten, sollten
Menschen gegenüber zuverlässig und freundlich sein.

oder unruhig ist, sollten Sie
nicht darauf eingehen.

Vor dem Geschäft warten

Ein Vierbeiner, der »Sitz und
Bleib« sowie »Platz und
Bleib« gelernt hat, kann bei
kurzen Besorgungen auch vor
einem Geschäft eine Zeit lang
warten, ohne unruhig zu werden. Ob Sie ihn dabei anlei-
nen oder nicht, hängt von der
Umgebung und vom Gehor-
sam des Hundes ab. Falls Ihr
Hund noch unruhig ist und
winselt, sollten Sie nicht zu
ihm zurückgehen, während

er winselt. Warten Sie, wenn
möglich, einen Moment ab,
in dem er sich ruhig verhält.
Lassen Sie Ihren Hund jedoch
zu Hause oder im Auto (nicht
wenn es heiß ist), wenn Sie in
einem Supermarkt Ihren Wo-
cheneinkauf erledigen. Dies
dauert zu lang, außerdem
haben Sie den Hund nicht
im Blick.

Unerwünschte Erfolgs-erlebnisse vermeiden

Achten Sie bei der Erziehung
des Hundes und besonders,
wenn er frei läuft, darauf,
dass er keine unerwünschten

Erfolgserlebnisse verbucht.
Wenn Sie beispielsweise wissen, dass Ihr Hund jeden Spa-
ziergänger begrüßen will,
Kühe jagen möchte oder an
einer bestimmten Stelle immer nach Enten sucht, dann
rufen Sie ihn rechtzeitig
zurück und leinen ihn an. So
vermeiden Sie, dass Sie ihn
ohne Wirkung rufen und der
Hund dabei lernt, dass es egal
ist, ob er kommt oder nicht.
Außerdem bestärkt ihn jedes
dieser unerwünschten Er-
folgserlebnisse, in ähnlichen
Situationen immer wieder
auf diese Weise zu handeln.

Fragen rund um die Erziehung für den Alltag

Wo bringe ich meinen Hund im Auto am besten unter?

Grundsätzlich soll der Hund im Auto gesichert sein. Im Kombi sitzt der Hund am besten im Heck, das durch ein festes Netz oder Gitter vom Fahrgastraum getrennt ist. Auf dem Rücksitz sichern Sie ihn durch einen speziellen Sicherheitsgurt für Hunde.

Warum achtet mein Hund nicht auf Autos?

Autos und andere Verkehrsmittel sind keine natürlichen Objekte. Deshalb sind sie im Instinkt des Hundes auch nicht als »Feinde« verankert, auf die er achten muss. Wenn Sie ihm aber beibringen, sich an jeder (!) Bordsteinkante zu setzen, haben Sie schon viel zu seiner Verkehrssicherheit beigetragen.

Kann ich den Hund am Fahrrad mitnehmen?

Ist Ihr Hund nicht zu klein oder zu massig, können Sie ihn durchaus je nach Rasse und Kondition entsprechende Strecken neben dem Rad laufen lassen – überwiegend im Trab. Sobald Ihr Hund bei Fuß gehen kann, gewöhnen Sie ihn in der gleichen Weise daran, neben dem geschobenen Rad zu gehen. Als Kommando können Sie z. B. »Rad« wählen. Damit der Hund vom Verkehr abgewandt geht, läuft er am Rad immer rechts. Auf Feldwegen oder ähnlichen Wegen kann der Hund auch frei mitlaufen. In langsamem Tempo und kurze Strecken etwa ab einem halben Jahr. Da man sich auf dem Rad schneller entfernen kann, hält der Hund meist besser Anschluss.

Mein Hund verbellt im Auto jeden, der vorbeigeht. Was kann ich tun?

Am besten ist es, wenn Sie den Hund im Auto in einer Box transportieren, wo er an den Seiten nicht hinausschauen kann. Sie können auch einen Gitterkäfig für Hunde verwenden und eine

> *Hat der Hund gelernt, dass Zerren etwas bringt, wird er das immer wieder tun.*

Decke darüber hängen. Ist der Sichtkontakt unterbrochen, beruhigt sich der Hund.

? Wie kann ich vermeiden, dass mein Hund ständig am Zaun bellt?
Prüfen Sie, ob der Hund zu lange sich selbst überlassen und zu wenig ausgelastet ist. Beschäftigen Sie ihn gegebenenfalls entsprechend. Ansonsten könnten Sie ihn je nach den Gegebenheiten aus einer »Deckung« heraus mit einem scharfen Strahl aus dem Wasserschlauch erschrecken. Der Hund darf das aber nicht mit Ihnen in Verbindung bringen. Sie könnten auch einen Sichtschutz am Zaun anbringen oder ein Stück hinter dem eigentlichen Zaun einen zweiten Zaun ziehen, sodass der Hund nicht mehr ganz an die Grundstücksgrenze gelangen kann.

? Kann ich meinen Hund öfter mit Bekannten spazieren gehen lassen?
Während der Ausbildung ist das nicht zu empfehlen. Besonders dann nicht, wenn Sie davon ausgehen können, dass der Hund unerwünschte Erfolgserlebnisse einheimst, weil er diese Personen nicht

respektiert oder sie nicht richtig mit ihm umgehen.

? Muss ich etwas beachten, wenn ich regelmäßig mit anderen Hundehaltern unterwegs bin?
Lassen Sie die Hunde nicht nur spielen, sondern üben Sie zwischendurch auch miteinander. Außerdem sollte der eigene Hund nicht regelmäßig mit Vierbeinern Kontakt haben, die Verhaltensweisen zeigen, die Sie bei Ihrem Hund nicht möchten. Hunde übernehmen nämlich viele Dinge von Artgenossen, positive wie negative.

? Mein Hund ist gegenüber Menschen oder der Umwelt sehr ängstlich und misstrauisch. Was kann ich tun?
Notieren Sie sich am besten möglichst genau, in welchen konkreten Situationen der Hund welche Verhaltensweisen zeigt. Das liefert oft schon nützliche Hinweise zur Problemlösung. Versuchen Sie durch Gespräche mit anderen Hundebesitzern oder mit dem Tierarzt einen kompetenten Verhaltensberater zu finden, und wenden Sie sich baldmöglichst an diesen.

MEINE TIPPS FÜR SIE

Katharina Schlegl-Kofler

Aggressivität gegen Artgenossen

➤ Prüfen Sie mögliche Ursachen: Hatte Ihr Hund als Welpe negative oder zu wenig Kontakt zu Artgenossen? Bei Rüden: Zeigt er ein übersteigertes Sexualverhalten? Wird Ihr Hund zu wenig ausgelastet? Hat er eventuell eine angeborene Veranlagung?

➤ Vermeiden Sie, beim Anblick eines anderen Hundes nervös die Leine zu straffen. Das fördert aggressives Verhalten.

➤ Führen Sie Ihren Hund über das Kopfhalfter und lenken Sie ihn rechtzeitig ab (→ Seite 41). Gegebenenfalls sollten Sie ihn nur noch mit Maulkorb frei laufen lassen.

➤ Ist Ihr Rüde hypersexuell, hilft eine rechtzeitige Kastration.

➤ Sorgen Sie für genügend Auslastung und konsequentes Gehorsamstraining. Wenden Sie sich bei Problemen an einen kompetenten Hundeexperten.

Die **halbfett** gesetzten Seitenzahlen verweisen auf Abbildungen, U = Umschlagseite.

Adressen

Verbände/Vereine

➤ Fédération Cynologique Internationale (FCI), Place Albert 1er, 13, B-6530 Thuin, www.fci.be

➤ Verband für das Deutsche Hundewesen e. V. (VDH), Postfach 10 41 54, 44041 Dortmund, www.vdh.de

➤ Österreichischer Kynologenverband (ÖKV), Johann-Teufel-Gasse 8, A-1230 Wien, www.oekv.at

➤ Schweizerische Kynologische Gesellschaft (SKG/SCS), Länggassstr. 8, CH-3012 Bern, www.hundeweb.org
(Anschriften von Hundeclubs und -vereinen können Sie bei den vorgenannten Verbänden erfragen.)

Hunde im Internet

Viel Wissenswertes rund um Hunde, wie Gesundheit, Ernährung, Urlaub, Rassen und Hundeschulen, bieten:

➤ www.hunde.com
➤ www.hundewelt.de
➤ www.mypetstop.com
➤ www.dogs.at
➤ www.hund.ch

Fragen zur Hundehaltung beantworten

Ihr Zoofachhändler und der Zentralverband Zoologischer Fachbetriebe Deutschlands e. V. (ZZF), Reinstr. 35, 63225 Langen, Tel. 0 61 03/91 07 32 (nur telefonische Auskunft möglich), www.zzf.de

Haftpflichtversicherung

Fast alle Versicherungen bieten auch Haftpflichtversicherungen für Hunde an.

Krankenversicherung

➤ Uelzener Allgemeine Versicherungsgesellschaft AG, Postfach 21 36, 29511 Uelzen, www.uelzener.de

Registrierung von Hunden

➤ Haustierzentralregister TASSO e.V., Frankfurter Str. 20, 65795 Hattersheim, Tel. 0 61 90/93 22 14, www.tiernotruf.org

➤ Internationale Zentrale Tierregistrierung (IFTA), Weiherstr. 8, 88145 Maria Thann, Tel. 00800/84 37 73 44 78 37 (kostenlos), www.globalanid.com
Wer seinen Hund vor Tierfängern und dem Tod im Versuchslabor schützen will, kann ihn hier registrieren lassen.

Zeitschriften

➤ Der Hund. Deutscher Bauernverlag, Berlin
➤ Unser Rassehund. Herausgegeben vom VDH (→ Adressen)
➤ Partner Hund. Gong Verlag, München

Bücher

➤ Klever, U.: Hunde. Gräfe und Unzer Verlag, München
➤ Schlegl-Kofler, K.: Unser Welpe. Gräfe und Unzer Verlag, München
➤ Schlegl-Kofler, K.: Hundeschule für jeden Tag. Gräfe und Unzer Verlag München
➤ Warrlich, A: Tiersprechstunde. So bleibt mein Hund gesund. Gräfe und Unzer Verlag, München

AN UNSERE LESER

➤ Die vorgestellten Erziehungsregeln beziehen sich in erster Linie auf normal entwickelte Welpen aus guter Zucht, d. h. auf gesunde, charakterlich einwandfreie Tiere.

➤ Auf Grund schlechter Erfahrungen mit Menschen können Hunde zu Verhaltensauffälligkeiten neigen. Diese Hunde sollten nur von erfahrenen Hundehaltern aufgenommen werden.

Die Autorin

Katharina Schlegl-Kofler ist auf Grund ihrer langjährigen und intensiven Beschäftigung mit Hunden und durch den regelmäßigen Besuch von Seminaren zu den Themen Hundeerziehung, -ausbildung und Verhaltensforschung anerkannte Spezialistin in Sachen artgerechter Hundehaltung. Ihre Welpen- und Erziehungskurse für Hunde aller Rassen haben enormen Zulauf.

Die Fotografin

Alle Aufnahmen in diesem Buch stammen von Christine Steimer. Selbst Hundehalterin, hat sie sich auf die Heim- und Haustierfotografie spezialisiert.

Impressum

© 2002 Gräfe und Unzer Verlag GmbH, München. Alle Rechte vorbehalten. Nachdruck, auch auszugsweise, sowie Verbreitung durch Bild, Funk, Fernsehen und Internet, durch fotomechanische Wiedergabe, Tonträger und Datenverarbeitungssysteme jeder Art nur mit schriftlicher Genehmigung des Verlages.

Redaktion: Sibylle Kolb
Lektorat: Angelika Lang
Layout: independent Medien-Design, München
Satz: Uhl + Massopust, Aalen
Produktion: Petra Roth
Repro: Fotolito Longo, Bozen
Druck und Bindung: Kaufmann, Lahr
Printed in Germany
ISBN 3-7742-3917-7

Auflage	4.	3.	2.
Jahr	2005	04	03

GRÄFE
UND
UNZER

Ein Unternehmen der
GANSKE VERLAGSGRUPPE

> GU-Experten-Service

Haben Sie Fragen zu Haltung und Pflege? Dann schreiben Sie uns (bitte Adresse angeben). Unsere Expertin Katharina Schlegl-Kofler hilft Ihnen gern weiter. Unsere Adresse finden Sie rechts.

Das Original mit Garantie

Ihre Meinung ist uns wichtig. Deshalb möchten wir Ihre Kritik, gerne aber auch Ihr Lob erfahren. Um als führender Ratgeberverlag für Sie noch besser zu werden. Darum: Schreiben Sie uns! Wir freuen uns auf Ihre Post und wünschen Ihnen viel Spaß mit Ihrem GU-Ratgeber.

Unsere Garantie: Sollte ein GU-Ratgeber einmal einen Fehler enthalten, schicken Sie uns das Buch mit einem kleinen Hinweis und der Quittung innerhalb von sechs Monaten nach dem Kauf zurück. Wir tauschen Ihnen den GU-Ratgeber gegen einen anderen zum gleichen oder ähnlichen Thema um.

Ihr Gräfe und Unzer Verlag
Redaktion Heimtier
Stichwort: Tierratgeber
Postfach 86 03 25
81630 München
Fax: 089/41981-113
E-Mail:
leserservice@
graefe-und-unzer.de

Mein Hund

▶ **Name:** _____

So will er belohnt werden:

▶ _____

_____

_____

Lieblingsspiele und -spielzeug:

▶ _____

_____

_____

Beim Spaziergang unbedingt beachten:

▶ _____

_____

_____

Das sind seine Eigenheiten:

▶ _____

_____

_____

Besondere Kennzeichen:

▶ _____

_____

_____

Das ist sein Tierarzt:

▶ _____

_____

_____

GU TIERRATGEBER

damit es Ihrem Heimtier gut geht

ISBN 3-7742-3908-8

ISBN 3-7742-3839-1

ISBN 3-7742-3826-X

ISBN 3-7742-3957-6

ISBN 3-7742-3907-X

Tierisch gut! Die Welt der Heimtiere entdecken und alles erfahren, was man schon immer über sie wissen wollte. So klappt das Miteinander von Anfang an – mit Wohlfühl-Garantie fürs Tier.

WEITERE LIEFERBARE TITEL BEI GU:

➤ **Meerschweinchen** ISBN 3-7742-3788-3

➤ **Hamster** ISBN 3-7742-3810-3

Gutgemacht. Gutgelaunt.

NUR ANGELEINT ÜBEN

Nehmen Sie den Hund zum Üben grundsätzlich an die (lockere) Leine, solange er eine Übung nicht zuverlässig beherrscht. An der Leine jedoch nicht rucken oder zerren. Sie dient lediglich als »Notbremse«, um unerwünschte Erfolgserlebnisse des Vierbeiners zu verhindern, falls er sich der Übung entziehen will.

Geling-Garantie für die Hunde-Erziehung

NICHT ZU VIEL AUF EINMAL

Gehen Sie im Training erst dann zur nächsten **Schwierigkeitsstufe** über, wenn der Vierbeiner das Vorangegangene sicher beherrscht. Ist der Hund in schlechter Tagesform und klappt eine Übung nicht, die er normalerweise schon kann, gehen Sie mit den **Anforderungen** eine Stufe zurück.

REGELMÄSSIG ÜBEN

Üben Sie regelmäßig, möglichst täglich. Üben Sie aber nur, wenn Sie die **nötige Ruhe** haben und »gut drauf« sind. Trainieren Sie zum Beispiel nur, wenn Sie **viel Zeit** haben oder gut gelaunt sind. Ihre positive Stimmung wirkt sich auch auf Ihren Hund aus.

GEZIELT BELOHNEN

Bereiten Sie die Belohnungshäppchen vor. Damit Sie das **Leckerchen** gezielt im richtigen Moment geben können, die Häppchen vo dem Training in »mundgerechte« Stückchen portionieren sowie leicht erreichbar verstauen. Nur dann ist effektives Lernen möglich.